从99%到∞的拜访

第一次全景展示
销售拜访

容广宇　颜文娟◎著

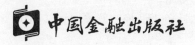

中国金融出版社

责任编辑：王雪珂

责任校对：刘　明

责任印制：张也男

图书在版编目（CIP）数据

从99%到∞的拜访（Cong 99% dao ∞ de Baifang）/容广宇，颜文娟著. —北京：中国金融出版社，2017. 3

ISBN 978 – 7 – 5049 – 8876 – 8

Ⅰ.①从…　Ⅱ.①容…②颜…　Ⅲ.①销售—方法　Ⅳ.①F713.3

中国版本图书馆CIP数据核字（2017）第023270号

出版
发行　　中国金融出版社

社址　　北京市丰台区益泽路2号

市场开发部　　（010）63266347，63805472，63439533（传真）

网上书店　http://www.chinafph.com

　　　　　　　（010）63286832，63365686（传真）

读者服务部　　（010）66070833，62568380

邮编　　100071

经销　　新华书店

印刷　　北京市松源印刷有限公司

尺寸　　169毫米×239毫米

印张　　18

字数　　230千

版次　　2017年3月第1版

印次　　2017年3月第1次印刷

定价　　40.00元

ISBN 978 – 7 – 5049 – 8876 – 8

如出现印装错误本社负责调换　联系电话（010）63263947

前言

所得

这是一个功利的世界么？

是的！

应该说一直都是的。

我们一直被功利所吸引，无论是好的或者坏的。

而且，很多人都会对功利的拥有者，也就是我们所说的"成功者"，给予高度的关注、认同，甚至欣赏、崇拜。

这是一种动力，无论你是否喜欢，都是事实。

所做

同时，又会有一些人会关注成功者的行为。

有的人是希望可以模仿，希望可以复制；

有的人则会研究成功者的过往行为，因为他们是专家；

有的人则会关注成功者现在做什么，因为他们是投机者。

模仿者，获得的往往是"鸡汤"，当然，鸡肉已经被人吃了，只有鸡汤可以温暖一下无奈而且失败的心灵；

专家们，将找到成功的原理，非常智慧地告诉所有人，原来成功是这样实现的。当然，最终有可能真正成功的只是这个专家自己；

投机者，将进行判断，将来是否还有利益可以获得，是否值得关注和投资，当然，风险将是所有投机者必须面对的。

所想

我们从来都没有真正复制过一个成功的结果，特别是现实的社会。

不是因为你不够努力，也不是你没有机遇，更不是那些不可捉摸的运气……

只是因为，复制成功的关键是那个"大脑里的东西"。当然，不可否认，有很多"大脑"自己都说不清自己是怎么想的。

因此，即使你获得了所有的资料、资源，也无法真正拥有一个，哪怕是相似的结果。

因为没有思想的一切，都不会真正拥有生命力，最多不过是短暂的闪光而已。

所要

销售工作也一样是功利的行为，或者说，没有功利也就没有了销售存在的意义。

唯一不同的是，在销售工作中只存在对功利的追求，而没有对功利的崇拜，这大约是因为销售工作的人员都更理智吧。

所以，他们更希望得到的，并不是复制，也知道那是不可能的。

他们要的是方向！

是思考的方向，是努力的方向，是成功的方向……

所给

我们也曾经是销售者。

有很多时候，还是会认为，我们仍然是销售者，只是销售的东西不同了。

其实，在这个已经被市场和销售浸染的社会中，谁又不是呢？

我们不算是成功者，但是我们在研究成功，我们不算是失败者，但是我们在研究失败。

我们自己认为不是专家，只是销售工作的呐喊者，啦啦队。

当然，我们的视角不仅仅是过去，而更看重未来。

我们希望可以给销售人员他们所要的方向，哪怕仅仅是个参考！

所以

只有一部分人，可以从盲从的粉丝中逃脱，成为一个理智的、社会的销售人员；

只有一部分销售人员，可以摆脱鸡汤、励志、传奇故事的干扰，去寻找自己的方向；

只有一部分尝试改变的人，会从经验、教训、摸索中意识到速度和效率的差异；

只有一部分已经看到机会的人，愿意从新的知识中找到力量，去实现自己的未来。

所以，这就是我们写这本书的动机，

所以，这就是你们看这本书的理由。

容广宇　颜文娟
2016 年 8 月 30 日于珠海

序:
门口的恐慌

"他不在"

无论是销售人员还是其他任何人员，都面临过一种情景，而且，可能也和我的感受是一样的，那就是:

"门口的恐慌!"

当我们第一次去面试的时候;

当我们第一次去见一个陌生人的时候;

当我们第一次去拜访客户的时候;

甚至当我们去相亲的时候;

......

是否会在敲门之前，或者是在即将面对之前，心存一丝恐慌？

是啊，我们将面临的是一个未知的情景，我们不知道将会发生什么状况。虽然，我们似乎已经想到了所有的可能，但是，在将要面对的时候，总会有一些恐慌。

总有人问我，是否做过销售工作，而且有什么证据证明自己做过销售。我从来没有把自己的业绩或者辉煌经历拿出来炫耀，而是告诉他们我曾经有过的一种恐慌:

"当我第一次去拜访客户的时候，当我已经站到客户门口的时候，我是非常犹豫的，而且，大家知道我在当时最希望的事情是什么吗？

就是：我要找的人，他不在！"

我相信所有做过销售的人都会对这样的感受理解得非常真切，因为几乎每个销售人员都会经历这样的一个过程。

是啊，如果"他不在"，一切都好办了，我去了，我也做了，也去面对了，但是他不在，哈，这就至少证明我去努力了，只是他不在……

其实，就算是今天，无论是我，还是身经百战的销售精英们，可能仍然会存在"门口的恐慌"，至少会有一些紧张。虽然，早已经不希望"他不在"了，而且也开始害怕"他不在"，因为会影响自己的工作计划。但是，这种恐慌，何尝不是每个销售人员必须面对的。

所以，无论是销售人员或者其他什么人，都在自己的内心中存在"门口的恐慌"，有的时候是面对陌生的人，有的时候是面对陌生的事，有的时候是面对可能的变化……

这不是什么丢人的事情，这原本就是必然要经历的过程。

骨灰级

于是，我们会对那些"神一样存在"的销售人员表示异常的钦佩。

我们看到那些优秀的销售人员在各种情况下游刃有余，可以从容地面对任何的客户，可以处理任何的刁难和困扰。

在销售行业中也存在着对这些销售人员的评价方式，其中最高的评价就是"骨灰级"了。尤其是那些"菜鸟级"的新人，更是对他们崇拜得五体投地。

所以，每每有这样的销售人员来介绍自己的工作经验时，总是会吸引很多人来倾听、膜拜。当然，也非常希望可以通过他们的介绍获得个人发展的启发。

我也曾经如此热衷这样的机会，好像他们就是"半神之体"，哪怕是能聊一下，能看一眼，能合一个影，就可以改变自己的现状了。

于是，在销售工作的交流中，也存在"粉丝"现象。所有优秀的销售人员都像是明星一样，他们的行为、言语、做派等，都成了一种优秀的体现，成为众多"粉丝"模仿的重点。

当然，对大家来说，更关心的就是他们的经验，他们的想法，他们的做法。至少，在我刚刚开始接触销售的时候，就有这样的想法：

只要能像他们那样去做任何事情，也就能真正获得和他们一样的业绩了。

根据我所接收到的各种情况，以及在各种机会中获得的信息，慢慢地会发现，在他们的经验中，最主要的就是三个重点：

勇气、思想、技能！

传奇故事

以下内容大家是否觉得很熟悉，或者你也曾经这样介绍过自己的销售经验呢？

"（一开始，怎么样，怎么难）……然后，我……（怎么做了，怎么尝试了）……但是，我也遇到了……（各种困难，各种不配合，各种刁难）……我想（职业发展，公司利益，个人价值等）……我决定（怎么做，怎么不怕困难，怎么坚持）……终于（取得了成果）……其实，没有什么经验，只要大家能够（坚持，有信心，动脑筋，想办法）……我的总结是：方法总比困难多（或者是天道酬勤等）。"

如果有一天大家也成了优秀销售人员，完全可以参照这样的模式。

这样的经验介绍，所体现的重点就是：勇气！

当然，还有一个名字可以来为这样的经验命名，就是"传奇故事"。

一来，这是一个故事，是很多人都愿意听的。当然这是真实的故事，或者有些小改动，也不影响故事吸引人的特点。有时候如果再添加一些"各种不容易"的背景，那就更容易吸引人了，甚至可以让讲的人和听的人掉下眼泪。

二来，这是一个传奇，是只能发生在某个特定时间，特定条件的情况下。甚至，只能是这个销售人员身上的。而且，一般情况下，这个传奇都不能再次出现，包括销售人员自己。因为传奇本就不是可以复制的。

这样的内容很像传记类书籍。不少销售人员喜欢看传记。看传记的感觉和听这些销售人员介绍销售经验是非常相似的。

境界太高

第二种优秀销售人员的类型就让人很敬畏了。因为他们的境界实在太高了。

无论是看待客户或者产品的观点和眼光，还是各种让人纠结的难题，好像对于他们来说都根本不是问题，而且总是能形成很好的处理思路。

最要命的是，这种销售人员总是非常的从容，"处惊不变，处变不惊"。当一些菜鸟来咨询经验的时候，主要可以获得以下几种结果：

其一，推荐你好好看几本书或者是听几堂课；

其二，告诉你，不用急，只要坚持下去，也会一样的，"但手熟耳"。

可是，真的经过几年的洗礼之后，发现还是没有办法达到那样的高度。

在我的销售经历中遇到的，这样的销售人员大都做了管理者，或者是自己创业了，感觉销售工作根本不够空间施展他们的才华。

超级学霸

第三种优秀销售人员就是超级学霸了，一般都是在销售行当摸爬滚打了多年的精英。

不过，这样的销售人员往往会和另外一种人员形成混淆，就是"老油条"。其实，"老油条"大都是经验的积累，而且往往没有太大的上进心。但是超级学霸则不是，还在不断的进步和努力。

这些销售人员的最大特点就是什么都会，而且还什么都做得好。

无论是开会、组织活动、产品学习、经验交流，还是聊天、八卦、娱乐，这些人总是非常有热情，而且也非常擅长。要么是主角，要么是组织者，要么就是最棒的一个。

更要命的是，这样的销售人员往往始终能保持良好的状态，一直都在努力学习，努力提高，这让其他的销售人员总感觉追不上。就像是一辆跑在前面的车，当你想追的时候，发现那辆车跑得更快，把自己甩得越来越远。

恐慌的演变

记得马克·吐温说过：当一个人经历了很多灾难和波折之后，要么会成为一个愤世嫉俗的人，要么就会成为一个幽默的人。

当我们不断面对各种恐慌的折磨，最终也会形成不同的结果。

要么就是会逐渐成为这三种优秀人员的一个，要么就会在现实的业绩中徘徊，要么干脆离开这个行业。

所以，销售人员很多，但是，变动也很大。可能都会有各种的理由，但是，不可否认的是，对恐慌的态度也是一个重要的原因。

因此，只要你下定决心做好销售工作，就一定要考虑一个问题：如何把这样的恐慌演变成自己成长的过程，而不是消沉下去。

修行的方式

我不反对通过勇气的方式来获得改变，但是，如何才能有勇气呢？如何才能坚持呢？

我也不反对通过提升境界的方式来改变自己，但是，该怎么提升呢？

我更支持通过学霸的路径来成就自己，但是，该学什么呢？该怎么学呢？

我不知道这本书将会给你带来什么。因为每个销售人员所处的状态是不同的。

我也不知道这本书将会改变什么。因为每个销售人员的理解特点是不同的。

但是，我希望你可以从这本书里获得一种力量：

"一种让门口的恐慌逐渐消除的力量！"

目录

到底是什么样的不同决定了结果的差异呢？我们习惯从做了什么，怎么做的，有什么条件来进行分析。可是，我们经常忽略所有的根源，就是怎么想的，怎么看的。销售早已经是一个非常专业和科学的工作了。或者，从这个章节的内容，你会发现真正的差距原来就来自你的"怎么看"。

有人说"一百个人就有一百种不同的理解的拜访"，好像是对的。但是，这句话却成为了很多人拒绝学习和提升的借口，也造成了关于拜访各种混乱的现状。在这一章中，作者第一次对拜访的定义、理解、学习进行了阐述。或者你不认同，甚至批判。这都没有问题，至少，我们需要梳理自己头脑里的那个拜访到底是什么了。

在这一章节，重点介绍的是"正向拜访循环"，也就是由销售人员主动发起的拜访过程模式。虽然，每种销售工作都存在正向拜访，但是，对于推广型的销售工作来说，是最主要的拜访类型。因此，正向拜访也成为了使用最广泛、研究最深入的部分。那么，到底应该怎么样来做这个我们最熟悉的拜访呢？或者你会发现，虽然你做了很多，你可能真的还不了解它。

这个章节是"正向拜访循环"的强化内容。因为关于正向拜访是使用频率最多，研究最深的一个拜访类型，所以，也形成了很多非常值得借鉴的经验和教训。其中涉及了拜访环节的深入理解以及操作建议。大家完全可以从中发现一个全新的拜访。

我们相信，很多对销售理解比较深的人都很清楚：售后和客服的工作都应该属于销售工作。我为这样的销售工作命名为"回应型销售"。既然是销售，就一定有拜访。事实上，推广型销售人员中相对使用频率较低的"逆向拜访"却是回应型销售的主要拜访类型，也就是由客户发起的拜访。在这一章中，将介绍"逆向拜访循环"这个全新概念，其实也不算是新，因为大家都一直在使用它，只是不知道这是什么，不知道该怎么做好而已。

这一章将介绍另外一个全新概念"互动拜访"，也就是销售人员和客户共同发起的拜访。这样的情况在一般的销售工作中使用频率也非常低。随着零售行业的发展，而且，越来越多的人已经把原来所谓的售货过程纳入了销售领域。可惜的是，目前并没有针对这种销售的研究。结合我们的研究，我们为这样的销售命名为"柜台型销售"，也提出了"互动拜访循环"。

对于销售工作来说，没有实践就没有理论，没有理论就没有发展。随着天文数字一样的拜访数量，也形成了很多围绕拜访的原理、原则、理论，这都为拜访作用的发挥提供了更广泛的空间。在这一章节中，将选择一些已经比较成型的内容进行介绍。相信这样的内容可以加快销售人员利用拜访的水平。

虽然针对销售人员的拜访培训和训练是需要考虑个体特点的，但是，在大量的培训实践中，我们也发现了一些具有普遍意义的训练方法。因此，在这个章节中，我们选取部分内容进行了详细的介绍。销售人员可以根据这样的训练方法来提升自己一些基本能力，这样也就有可能提升拜访的水平。

这是后记，却是我们在完成所有内容后最想告诉大家的感想。这是一篇已经被很多人阅读过的内容了，如今作为拜访课的总结，真的非常合适。我们非常希望所有的销售人员都能把自己的收获作为"第一天"。是的，第一天！这是什么意思呢？请大家仔细阅读我们自己重新解读的"大禹治水"吧。

第一章
"怎么看"比"怎么做"更重要

爱上你的客户?

案例:你会爱上客户么?

问:你是否会爱上你的客户呢?

答:爱?天啊,你怎么能这么想,我都恨不得把他们吃掉呢。还爱?

这就是我们很多销售人员存在于内心的想法,那么,这样的想法所形成的判断将会是什么样子的呢?我想,不用我多说了。

总是会听到销售人员说:怎么搞定客户,怎么把客户"灭掉",怎么让客户让步等。

有一句很有哲理的话:

"当你把别人都看作敌人,慢慢地,你会发现,他们真的成为了你的敌人。"

不仅仅是客户，还有很多。有很多时候，真正阻碍你进步的，可能恰恰是你看待问题的方式和角度吧。

笔记：

我们所有的行为均来自对事物的判断，包括对自己的评价。而这样的判断是基于我们所掌握的理论、知识、经验等综合形成的理念。如果我们的理念出现了问题，将直接影响我们的判断以及由此形成的行为模式，甚至会改变最终的结果。

作为整本书所有笔记的第一个内容，有点长。但是，大家应该仔细地阅读，也仔细地体会一下为好。因为，这是本章，甚至是所有章节的核心思想。

我想告诉大家的东西，都是希望改变想法。而只有改变了想法，才能改变其他。

曾经有一个销售管理者和我抱怨他的下属多么差，而且已经决定要把他炒掉。当我了解了具体的情况以后，就问了一个问题：

"如果他是你的亲弟弟，你会怎么办呢？"

"亲弟弟，那就要想办法教他，让他掌握各种能力，尽快获得业绩，然后……老师，我明白了。"

那么，我们就先从我们的销售工作开始吧。因为这是一切的起点。我们是否真的思考过，我们看待销售工作的想法是正确的么？

你真的认识销售么？

案例：销售工作识别

请问：以下哪些工作算是销售工作呢？

1. 医生根据患者疾病给患者提供药品，患者购买的过程；

2. 在电视小品中将拐、自行车、担架卖给没有需要的路人的卖货过程；

3. 坐等顾客上门的便利店卖出商品的过程；

4. 在交通堵塞的道路上兜售开水、方便面、鸡蛋的过程；

5. 买卖收藏品或者古玩的过程；

6. 推广债券、股票的交易过程；

7. 产品知识的学习过程；

8. 与客户一起参加旅游活动的过程；

9. 宅在家里分析销售数据的过程；

10. 了解市场竞争产品销售情况的过程。

大家都说自己是做销售的，那么是否真的可以识别这些工作的性质么？

我估计，会有很多销售人员可以很快地说出答案：1～6都不是销售工作，7～10是销售工作。因为，7～10是我们经常做的事情，当然是销售工作了，其他的都没有做过，当然不是了。

不过，可能有一些销售人员就有点含糊了。因为感觉1～6还是比较像销售的，终归是买卖了商品啊；7～10都没有产生业绩，也能算是销售工作么？

出现这样两种想法，也难怪我要担心了，我们的销售工作还有可能按照正确的方向发展么？或者说，我们应该怀疑自己的销售工作有没有做错。

笔记：

营销定义：销售是创造、沟通与传送价值给顾客，以及经营顾客关系以便让组织与其利益关系人受益的一种组织功能与程序。

作者定义：销售就是为了使客户认知、认同、认可并持续接受推广的产品价值，而进行的一系列建设及实现的过程。

第一个定义是书上的，第二个定义是我总结的，我觉得可以结合起来一起看，但是，从我个人的角度看，我更认可我的定义，这是肯定的。

不要小看定义的作用。有的时候可以根据定义进行分析，有的时候还可以从定义中找到灵感呢。

有一次我去参加一位经济学家的课，来了很多顶级的企业家。本来以为可以听到什么震撼的内容，结果这位经济学家，就是讲了经济学的基本原理，重点讲的是"供和需的关系"。

我是听得十分不以为然，这样的内容在教科书中早就讲得够清楚了，何必在这里讲呢？而且，都是企业家啊，这也太浅显了吧。

可是，当我们会后和这些企业家交流的时候，居然个个兴奋得不得了。说是启发很大。为什么呢？

其实，所有的经营策略都是以最基本的原理为起点。有很多时候我们被很多事物干扰了，而忽略了基本的原理。当专家结合实际情况，再利用基本原理进行分析，就会看到很多事物的本质，也自然可以获得大量的灵感了。

或者，我们从销售的定义中也可以找到一些灵感吧。

首先，就要先认识一下我们最关注的产品了。

笔记：

关于产品的理解：产品不仅仅是我们销售的无形或有形的事物，也包括与产品销售相关的事物，例如，客户关系、个人风格、产品知识、产品利益等。最终，是这些所有的"间接产品"的价值被认知、认同、认可后，才能形成具体产品的销售结果。

案例：你到底在推广什么？

问：你每天去见客户的时候，到底是在推广什么呢？

答：当然是产品了，就是我要卖的东西啊。

问：除了这些呢？

答：啊？除了这些……卖笑算么？

卖笑还真的算啊！从关于产品理解的内容就应该可以发现这个含义了。

其实，你还在"卖"很多东西呢，除了你必须卖的那个。

所以，销售人员每次去见客户都在推广产品，只是有的产品可以直接产生效益，有的就不是那么直接了。可是，如果没有那些间接产生业绩的产品，就没有最终的结果了。

然后，我们再来理解一下"价值"。

> 笔记：
> 关于价值的理解：价值是非常主观的概念，一般是以"值或不值"作为表达。虽然我们可以利用普遍价值分析方法来评估，但是也要考虑作为个体的价值取向。因此，价值的推广是要建立在两个基础上的，一是自己的"三认"（认知、认同、认可），二是客户的"三认"。

案例：什么才是好产品呢？

一个销售人员跟我说，他拿到了一个好产品。质量好，价格便宜，优惠政策多，售后服务也很到位。关键是提成也很高啊！这回可以大赚一笔了！

结果，过了半年，他的业绩一直很普通，完全没有取得预期的业绩，更不要说大赚一笔了。他就疑惑了：这样的产品怎么卖得不好呢？

总有一些关于销售的书提到：我们不是卖产品，而是卖价值！这是对的。

但是，必须理解什么是价值。客户在评估一个产品的购买时，主要是评估价值。而我们真正需要让客户接受的，恰恰是这个产品带来的价值。因此，不是越便宜就越好，当然也不是越贵就越好。关键是在客户的价值评估中所得到的结论。

一般情况下，顾客评估一个购买过程是否值得的时候，主要评估的是四个成本与效益的比较。

四个成本包括：货币成本、体力成本、时间成本、精神成本。

而购买效益也主要体现在四个成本所获得的回报。并综合四个比较，就会形成顾客购买的价值结论了。

当然，我们在推广一个产品时，既要考虑普遍的价值观点，例如，价格、质量、服务、售后等，也要考虑比较"虚"而且比较个性化的价值观点，例如，欣赏、满意、适合等标准。

再看看关于销售定义中的"三认"。没有"三认"，就会没有价值，自然也不可能获得持续购买。反过来，当一个产品没有持续购买的价值了，就一定是"三认"出现了问题。

因此，当我们推广的产品遇到了"三认"的障碍，往往是在价值的实现过程中出现了问题，特别是客户的价值评估。也就是说，顾客觉得"不值"。

这样，我们就可以判断，案例中的这个销售人员在推广产品时一定是价值方面出现了问题。

除了价值，还有一个关键词是"持续"。

笔记：
关于持续的理解：我们所推广的产品价值，必须考虑到持续接受的要求。不仅是产品的价值可以持续体现出来，也包括客户接受的持续性。短期的或暂时性的产品价值推广应该不属于销售的范畴。至少是我们不主张的销售。

关于持续的观点，是我对销售工作新增加的属性。

并不是所有的交易过程都应该被归类为销售。这是很重要的。有不少的人认为只要是卖东西就是销售。这是一个较错误的概念，至少在我认为是错误的。

虽然很多商品的买卖过程中存在着销售的原理，也包括对价值的挖掘、沟通、传送过程，但是如果说是销售工作，就必须存在"持续"的标准。否则，我们就很容易陷入到唯利是图、坑蒙拐骗、忽悠误导的"旁门左道"中。而这样的结果对销售行业是极大的伤害。

即使有一些产品确实存在一次性、短暂性的特点，例如，房屋等固定资产，也应该从持续性的角度去挖掘、沟通、传送产品价值。这样才能真正算是有意义的销售工作。

想起一个朋友跟我说的，当你特别想买一样东西的时候，而且，价格也不便宜，最好不要马上买，先要"沉沉"。如果当你冷静了以后，还觉得产品带来的价值是值得的，才去购买，这样才不会被忽悠。

这样的想法，好像和持续的价值很有关系吧。

有了这样的学习，我们似乎就可以来评价一下，最开始的销售工作识别案例中每个工作的真实情况了吧。

医生开药的过程中，患者对药品是不存在"三认"的，或者说是不需要"三认"；

通过忽悠卖出的产品不存在持续的价值，是一次性的购买；

便利店里的确是存在销售的，但是一般的便利店就是顾客自己的选择，不存在对产品价值的推广过程，只能算是贩卖；

交通堵塞的时候，产品的价值是由顾客确定的，虽然价格贵，但是不存在对产品价值的挖掘问题；

收藏品和古玩不能算是销售性质的商品，因为每个商品都是唯一，而且，商品的价值并不稳定，类似赌博性质；

债券和股票也是和古玩相似，要么是既定的价值，不存在"三认"问题，要么就是价值会发生比较大的变动。

至于第二部分的工作，都是销售手段或者是销售方法，都是可以实现销售工作成果的，因此都算是销售工作，或者是销售工作的一部分。特别是针对销售工作成果的建设部分，虽然不是直接产生销售工作成果，但是却是销售工作中很必要的部分。

关于这些内容的分析，随后就会提及。

认识我们的业绩

案例：你是哪种销售人员

第一种销售人员的观点是：业绩是唯一的标准，其他都是次要的。

"销售人员不就是为了业绩么？什么产品知识、销售技能、团队文化、管理制度，搞得再好也没有用，只要有了业绩，就是正确的。"

第二种销售人员的观点是：努力是最重要的，业绩会有的。

"虽然我的业绩还不好，但是我在努力学习产品知识，努力学习销售技能，也服从各种管理要求。只要努力了，我相信我会有业绩的。"

不要小看这两种观点。事实上，这样的观点一直存在于我们的销售工作中。就连管理者也会在这样的矛盾中纠结。

对于业绩好的，往往比较放纵；对于工作努力的，往往比较喜欢。于是，总会在销售团队中形成不同的"党派"：优秀销售派和乖乖销售派。

销售管理者也经常咨询我的意见。对此我给出的意见是：

笔记：

"销售工作就是为了业绩"的观点肯定是不对的；但是，"没有业绩的销售工作"的观点更是错误的。

销售业绩是销售工作取得的各种成果和影响业绩的各种因素，在一定时间内的集中表现。

我们必须首先要建立对"销售业绩"的正确认识。然后才能说到底什么样的销售工作才是对的。

第二条内容是我对销售业绩的简单定义，也体现了我对销售业绩的认识和理解。

案例：你会选择什么样的销售人员呢？

在一家药店里，有个店员是一位大姐，她的销售能力是很高的，也一直是这个药店最出色的店员，很多顾客非常认可她，所以她的业绩一直遥遥领先。

有一次她请假处理家务，一共请了7天假，她的柜台是由一个新来药店的小姑娘负责。

可巧的是，从这个大姐请假的第一天开始，这个城市出现了沙尘暴，然后就降温，持续了整整7天。这7天里，药店生意非常的好，每天都是买药的顾客，而大姐负责的柜台又是治疗呼吸系统的药，结果，7天的销售额就超过以往的好几倍，有的药补货几次都卖空了。

到了月底，当药店计算销售额并进行奖励的时候，大姐第一次没有拿到第一名，而那个替班的小姑娘居然成为了第一名。且不论药店奖励的方式如何，单从业绩上看，这个小姑娘是高的，但是，相信任何一个店长都会选择这个大姐作为自己的员工，为什么业绩的差异和我们的选择并不一致呢？

虽然你可以说是偶然，其实这也反映出了业绩形成的重要概念。从这个角度看，在你的销售工作经历中是否也存在这样的情况呢？你

会如何解释这样的销售业绩呢？

其实，不仅仅是这样的真实案例所反映出来的问题，在我们的销售工作中经常会遇到这样的情况：销售业绩并不能反映销售能力水平的情况。甚至在一些行业中，这样的情况会比较严重。

按照我所提供的定义看，销售业绩是一个表现形式，是一个反映销售工作成果和影响因素状况的综合结果。也就是说，销售业绩虽然是销售工作的目标，但是，我们却不能直接去产生业绩，而是通过销售工作的成果和各种影响因素的现实情况所形成的结果。

> 笔记：
> 因此，我们不能说：我们做出了一个销售业绩。而应该说：通过我们有价值的销售工作而获得了这样的销售业绩。

"文章本天成，妙手偶得之。"

"业绩本就有，就看怎么拿。"

别笑，仔细体会其中的精髓，就会发现：业绩本就在那里等你。而你去拿的过程，就是销售工作。

其次，我们要特别关注定义中"成果"和"因素"的概念。

> 笔记：
> 销售工作的成果是指对于产生业绩的各种条件，通过销售工作所形成的影响程度。
> 影响业绩的因素是指对于业绩产出有直接或间接影响，又不在销售工作范畴的各种条件。

在一次与销售人员培训的时候，我曾经安排了一个调研工作：一个业绩是怎么产出的？

最终大家给出的答案主要可以分成两个部分：我们可以做到的和我们无法控制的。

在我们可以做到的部分中，主要涉及：产品宣传、活动组织、客情维护、销售服务等等，一般都是销售人员的工作内容。在我们无法控制的部分中，主要涉及：消费者的情况、竞争产品的对策、国家政策的改变、客户的变动等等，甚至还会考虑到天气问题、流行问题。

那么，到底哪个部分对销售业绩影响大呢？

大家的观点比较统一：很难说哪个更重要。这要看具体的情况了。

很有意思的是，罗列条件的过程也能反映销售人员的水平和经验。

一般情况下，优秀的销售人员对核心问题更关注，例如：客户对产品价值的"三认"情况，这是属于重要、持久但是比较困难的条件。

而业绩好，但不好好学习的销售人员会更关注客户关系的建设情况，例如，客情关系，这虽然也算是核心问题，但是见效比较慢，而且变数比较大。

对于做得不好的销售人员，则更关注利益情况，例如，价格、利润等问题。

这样的差异有什么意义么？当然有了。

请看下一个案例吧。

案例：凭什么聘用我呢？

在我做销售的时候，因为一些原因不得不离开自己熟悉的市场，要去另外一个市场工作，还要换一家公司。那么，当我去见面试官的时候，会遇到一个很重要的问题：如何评估我是否适合这个新的工作。

因为我的所有业绩都已经没有意义了，换了产品、换了市场、换了公司。那么，怎么来证明我是否是一个好销售人员呢？

事实上，我在面试的时候为面试官做了一个"拜访演练"，也就是我们行业最重要的能力之一。通过我的展示，他们决定聘用我。

为什么呢？或者他们还不能确定我一定可以获得很好的业绩，但是，他们相信我是有获得很好的业绩的可能。因为我的能力被他们认可了。

之前的三种不同的销售人员，会怎么证明自己呢？

既然业绩是由两个部分的情况来决定的，特别是有一部分是我们很难控制的。那么，我就只能从可以做到的角度去做销售工作。

我们总说"谋事在人，成事在天"，确实有点消极了，也是很多业绩不好或者业绩变动较大的销售人员常说的话。

但是，我们也不能忘记了另外一句话——天道酬勤。只是这里的"勤"不是我们常说的努力，而是"我们可以把可以做到的部分做好，或者是具备做好这些工作的能力"。

在我个人的案例中，面试官也不能确定我是否可以获得好的业绩，但是，他们从我的能力中识别到我可以把那些"可以做好的"做好。那么，就有可能取得优秀的业绩了。至少在同样的条件下，更容易获得好的业绩。

所以，我在培训课上总会提到一个观点：

> 笔记：
> 销售工作的价值在于提高获得业绩的概率。

是的，因为产生业绩的条件有两大类，而其中一类还不能通过销售工作来实现。

那么，销售工作的结果也只能算是提高产生业绩的可能性。

所以说，单独的业绩本身并不能完全反映销售工作的实际情况，必须在多个销售业绩作为参考，才能评估销售人员的工作水平。

我的老师在我开始做销售的时候，就告诉我：

千里马常有，而伯乐不常有。

但是，至少你应该先让自己是一匹千里马！

跑得快，肯定不是千里马，能够持续跑到千里，才是重要的。

销售业绩就是千里马和伯乐的结合。

当我们认识了业绩的本质，也认识到销售工作和销售业绩的关系，我们就可以重新审视我们现在的工作状态到底是什么样的了。

为什么我的业绩不好呢？

好了，我们已经了解了关于业绩的观点，相信大家也能理解到一些要点：

"独立的或者暂时的业绩并不能完全反映销售人员的水平。"

"好的销售人员获得好业绩的机会更大。"

"老师啊，您说的是对的，所以，我才会感觉到压力啊。人家优秀的销售人员一直是考 A 的成绩，偶尔得个 B；我却正好相反，一直是 B 或者 C，偶尔得个 A。

那么，我该怎么办呢？何况即使是这个 B 或 C 也是在变的。随着更高的要求，不仅仅是公司的要求啊，我自己也希望多做点啊。可是，这就越来越不容易了，我怕连这个 B 或 C 都保不住了。

我估计就要不及格了！"

看到这样的观点，我也是感同身受啊。因为自己也曾经多次遭遇这样的困难。

正如我所说的"没有业绩的销售工作，就是更错的"。

案例：他该怎么办呢？

小 A 是一家快销品的销售人员，日常的工作是负责向一些门店推

销自己的产品。最近他遇到了一些困惑，专门给我打来电话：

"老师啊，我现在可真的受不了了。"

"你知道，我是负责 8 个门店的销售工作，我是很努力的。每天一大早就出门了，晚上很晚才回家，就是想把业绩做好一点。而且，我和每个门店的老板都非常好，他们也非常支持我啊，现在做到这个业绩多不容易啊。"

"可是公司居然要求我继续增长业绩指标，既不增加新店，也不增加新产品，甚至都不增加费用，哪怕是增加一些礼物或者赠品啊。"

"你说我可怎么办啊？看来是要考虑跳槽了。"

我知道这个案例所描述的情况在我们销售人员的工作过程中并不少见。无论如何，业绩提升是最直观的结果。甚至有一些销售人员跟我说：能有办法先熬过这个月是最重要的，至于正确与否都不重要了。

其实，关于业绩的关注，不仅仅是个人提高的问题，事实上，还有其他压力也在"逼迫""艰辛"的销售人员。例如以下一些现象：

现象一：销售人员同时起步，却逐渐形成了在能力和业绩上的差异；

现象二：同样的情况下，不同的销售人员却可以做出不同的销售业绩；

现象三：在同样的销售业绩结果下，每个人所付出的努力是不同的；

现象四：在一段时间内，销售人员的业绩很难取得突破，甚至一直不变。

……

为什么？为什么？为什么？

为什么我的业绩做不好呢？为什么别人就做得好呢？为什么我就

不能和他们一样做得好呢？这大约是每个销售人员不断思考的问题。

事实上，关于业绩的好与不好以及销售业绩的差异原因，都是我一直在思考和研究的。我也希望能从培训的角度找到问题的根源，并希望寻找到解决的方法。

关于销售业绩的问题，我已经出版了一本专著《平台理论》，就是在做这样的事情。

因为，我发现所有的业绩都存在着一种特殊的状态，就是"平台特征"。每个销售人员的工作方式和工作水平已经决定了他的业绩所处的平台，在不改变这些工作以及影响业绩的因素的情况下，他的业绩是有上限的。只有通过改变构成业绩的各种工作情况，才能从根本上解决销售业绩缓慢或停滞的状况。

关于细致的论述，不是本书的重点，如果大家有兴趣，可以去看看这本书。算是一个广告吧。

我只是想利用平台理论的重要观点来帮助大家梳理销售业绩的情况，或者可以让大家认识到销售业绩好与不好的根源吧。

以下的推导过程，就是帮助大家整理思路的过程。

笔记：

1. 在特定的销售周期中（最常见的是以月为单位），每个销售人员可以使用的销售资源是有限的（销售资源包括时间、精力、资金、物品、费用、支持等等）。

2. 任何销售人员，都是通过消耗资源来获得销售业绩（有的资源是为现实，有的资源是为了未来，但是所有的业绩都需要以资源来获得）。

3. 由销售资源所构成的销售工作，可以产生的效益都是有限的。使用资源的水平决定了不同的销售业绩上限（资源的程度以及使用资源的水平构成了决定销售业绩的重要条件）。

4. 销售影响因素也是决定销售业绩上限的重要条件（例如市场容量、市场规模、消费环境、政策环境等等）。但是，对于一个销售人员个体来说，这些条件是相对稳定的。

5. 由资源丰富程度、使用资源的水平、个人的销售影响因素，这三个条件共同决定了销售业绩的客观上限。而且会形成如下图的发展过程。

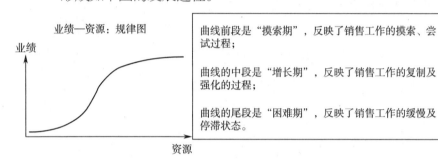

业绩—资源：规律图

业绩 / 资源

曲线前段是"摸索期"，反映了销售工作的摸索、尝试过程；

曲线的中段是"增长期"，反映了销售工作的复制及强化的过程；

曲线的尾段是"困难期"，反映了销售工作的缓慢及停滞状态。

6. 在三个条件不发生本质改变的情况下，销售业绩会存在"平台特征"，也就是增长和下降都表现出"跳跃"的特点。

虽然以上的内容有点长，也有点多，理解起来不容易，但是，还是希望大家能仔细地阅读，并仔细地体会其中的含义。

说的简单些就是两句：

你的所有条件决定了你的销售业绩是有上限的！

你现在拥有的一切就是束缚你进步的根源！

这样，我们就可以来分析之前的案例了，也就是小 A 的困惑。

因为他的工作方法已经决定了他使用资源的方式，而且，他的时间，他的精力都已经使用得非常充分了。那么，他的销售业绩也已经达到了他的"业绩平台"的上限。这个时候，他能想到的只有通过增加市场、增加资金、增加支持来改变销售业绩的现状。而这些条件又没有获得实质性的改变，所以，他才会对他的销售业绩增长感觉到了无奈。

在一些销售工作会议上，每当决策者要求销售团队增加销售业绩的时候，或者是销售管理者要求销售人员增加业绩的时候，往往会看到一些非常相似的情景：

要求增加费用政策，或者更多支持；

要求增加市场或者更多的产品，哪怕是产品规格；

要求改变管理方式或者调整奖励的方式，至少要获得更多的激励；

……

而且吵得也很凶，说明他们对这些条件的改变非常重视，也证明这是改变业绩的关键。

按照平台理论的观点看，这样的方式，都是在调整新的业绩平台，否则，按照原来的方式，原来的条件，他们已经触及到了上限，是很难有突破的。

但是，他们都忘记了一个根本性的问题，那就是改变业绩的上限，还有一个方向：使用资源的方法！这是主观的因素，也是可以通过自己进行调整的。如果一味地改变外部条件，最终将导致资源的使用效率仍然很低，所获得的销售业绩提升也不会很高。

至少对于销售人员来说，只有真正提升了自己的销售工作水平，才是真正的进步，也才能在其他条件一样的情况下获得更好的业绩。这也造成了之前我所列出来的各种销售业绩差异的关键。

"内圣外王！"

销售工作的本来面貌

既然改变销售业绩的根本在于销售工作，那么，我就必须重新认识这个看似熟悉，其实都不大能说得清的"销售工作"了。

案例：什么样的人可以做销售呢？

经常会有人征求我的意见：他是否适合做销售工作。他们都很羡慕销售工作的自由、挑战以及比较高的收入。当然也希望通过销售工作使自己对市场的理解可以提升，特别是自己的综合素质的提升。

但是，他们也会有很多顾虑。最常见的就是对自己的交流能力、应变能力等没有信心，甚至会提到自己不擅长喝酒，不擅长"卖笑脸"等等。所以非常希望我能给出意见，重要的是给予他们做销售工作的决心。

我们是清楚的，他们对销售的理解是错误的，而且，也没有什么样的标准证明一个人不适合做销售。可是，到底应该如何告诉他真正的销售工作是什么样的，到底如何做才能做好销售工作呢？

其实，不仅仅是不懂销售的人会问：销售人员到底都在做什么呢？连正在做销售工作的人员也会问到类似的问题。

另外一个问题就比这个问题更难回答了：销售人员和其他工作的人员相比较，到底有什么不同呢？

这个问题如果再延伸一下：如果销售人员都不知道自己在做什么，或者说应该做什么，也就根本谈不上进步提升的问题了。

是啊，这不是一个小问题，的确需要我们能做出解释。关键的是，当我们真的希望自己成为一个"千里马"，总要知道"千里马"和其他马有什么区别吧，总不能随便找一匹"跑得快的驴"来当标准吧。

关于销售人员与其他工作人员的区别，是我经常问销售人员的问题。

在这个问题的答案中，最主要的类型主要有两种：

一种会涉及能力方面的内容，例如沟通能力、表达能力、专业水平、市场能力、能来事、会察言观色等；

另一种会涉及工作方面的内容，例如拜访客户、组织活动、广告宣传、产品学习等等。

而这两种答案都会造成头绪太多，或者是适用性太广泛的结果。

如果这些答案能把销售说清楚，那么就会发现好多工作都应该算是销售了。

举个简单的例子：估计没有人会认为公务员是销售工作吧。可是，如果把大家的答案列出来，就会发现一些问题了：公务员也需要以上的所有能力；公务员也会涉及以上的所有工作。

其实，任何人都应该具备这样的能力，而且，也确实会做这些事情。可是，我们不可能把这些都算是销售工作吧。

那么，应该怎么来区分销售工作呢？

再次强调这个问题的重要性：如果我们不知道销售人员到底在做什么，又怎么能说销售人员的进步和提升呢？

很多销售人员和销售团队总会安排大量的培训工作，也会涉及很多培训内容。这是很常见的。当时当我询问他们：为什么要培训这些内容？所得到的答案就很乱了。

"做好销售难道不需要……"这是最常见的理由。

"销售人员如果能具备这样的能力（知识），就可以……"这是常见的推理过程。

"不管怎么样，总是有用处的吧，总是有好处的吧。"这是常见的培训目标。

请仔细记住以下的重要内容：

笔记：
销售工作与其他工作的区别在于两点：

第一点是所有能力的表现形式不同；

第二点是所有的工作内容的组成结构不同。

啊？什么意思？这是很多销售人员看到这个答案的反应。

案例：怎么证明自己的能力？

在我面试一个销售人员的时候，他是很有信心的。他告诉我："我的能力很强，像表达能力、理解能力、学习能力，特别是团队合作能力。"这也是他在简历中特别列出的内容。

于是，我问了一个问题，他就不知道怎么回答了。

这个问题就是：你怎么能让我看到你的这些能力呢？

或者怎么能证明你有这样的能力呢？

案例：怎么评价销售工作的好坏？

因为已经到了销售旺季，所以，公司决定在一些合作的门店进行促销活动。于是，每个销售人员都全力开始落实。可是，过了一个月之后，从销售数据上，有经验的销售人员负责的门店增长喜人，而新人负责的门店进步不大。在总结会上，一些新人表示市场不同，当然难度也不同。所以，要求更换一些门店。

管理者意识到这其中涉及不同的水平问题，所以就安排有经验的销售人员帮助新人来做促销活动。又过了一个月，这些门店的进步是很明显的。

在月总结会上，新人们都表示，有经验的销售人员确实做得比自己好。

管理者就提出一个问题：到底好在哪里？很多新人都说得不大清楚。

管理者就给有经验的销售人员提出了另外一个问题：新人做的缺点在哪里？结果也有点混乱。

那么，我们做销售的人员，是否能从别人的工作过程中找到好的地方或者不好的地方呢？

连续两个案例都会涉及非常重要的内容。

如果这两个问题不能解决，也就不能真正算是懂得销售工作了。

是不是很挫败呢？原来自己都不能算是销售人员啊！

我在培训课上说过：

为什么你做了很多年的销售，甚至有很好的业绩，就算是合格的销售人员了。

只要你不能从实质上了解销售，就没有明确的进步方向。

为什么你做的销售不够好，关键是你没有找到自己的缺陷。

只要你能从合理的角度去努力，就可以取得更好的发展速度。

销售工作的最大魅力之一就是"不在乎你的起点，只在乎你的速度"。

或者，你可以换一种思路来看待各种销售培训了。

全新的概念：销售手段

我阅读过数以百计的工作计划、工作总结，也评价过和指导过类似数量的销售工作。逐渐地，发现我所看到的和评价的都有很多内容是性质相似或者相同的内容。于是，经过自己的归纳，就形成了一个全新的概念：销售手段。

到底什么是销售手段呢？

案例：你在做什么？

一种情况是这样的。如果早上起来，吃完早餐，你准备去工作了。当然，销售人员是要做销售工作了。那么，你可以做的事情一共有多少呢？注意，像坐车、睡懒觉的内容都和工作本身没有关系，就不要考虑了。你能有多少个答案呢？

第二种情况是这样的。当你正在做销售工作的时候，你的领导给你打电话，问你在干什么呢？不管是你真的在干活还是假的，你都要告诉领导你在做事情，那么，你能给出的答案一共有多少种呢？

如果以上两个问题答案中，把行业的特点、工作性质的特点、产品的特点都抹除掉，你的答案会是什么样子呢？

说实话，当看到这样的问题时，一开始，销售人员会有点不明白。但是，一旦有了一个答案，例如：我正在学习产品知识呢、我正在拜访客户呢，随后，大家的答案就非常多了。

可是，说来说去，就会发现，这些答案是有特点和规律的。

我也曾经按照这样的想法，去咨询过不同工作性质的人，例如管理者，甚至包括学生。你会发现，他们所给出的答案和销售人员是有很多不同的。或者有一些表达方式是相似的，但是，这些答案的实质都是不一样的。

例如管理者的工作主要就是六种：计划、组织、实施、监督、指导、评价。

> 笔记：
> 这些构成销售工作的基础工作单元，就是销售手段。
> 销售手段是销售能力的表现形式。销售手段是销售工作的组成部分。

销售工作有着自己的独特的"基础工作单元"。所有的工作都是这些单元的组合，就像是基本的元素一样。

同样，无论是什么样的能力，都必须通过这个工作单元来表现。

按照之前的案例，一个销售人员有很多能力，但是，都必须能表现出来。否则，我们怎么知道你有这样的能力呢？而且，还必须是在销售工作中能表现出来。否则，这样的能力对销售工作还有什么用呢？

我在培训课上，曾经安排这样的内容，就是让所有学员都把自己的能力先写出来。

结果，大家的答案非常多，甚至有善于烹饪、会写诗、爱好下棋等等。当然，也会有沟通能力、表达能力、学习能力等答案。

然后，我就会让大家把这些能力，在销售工作中展现出来。

这可是个难题，好像表达能力、学习能力会简单些，但是，怎么展现出来真的不容易。而像写诗等能力，就更难了。

于是，我告诉大家，能把能力在销售工作中展现出来，这个能力就是为销售工作服务的；如果不能展现出来，那么就是没有用的。

当然，必须注意的是，这个不能被展现的能力只是对你的销售工作没有用。

因为，就是有人能把各种能力在销售工作中展现出来。那可是非常厉害的。

最后，我的结论是：对于销售来说，各种能力都是有益处的，也可以说一切都是有好处的，关键是你能不能与销售工作结合。

所以，销售手段作为基础工作单元，就是展现所有能力最直接的方式。这就是笔记中提到的"销售手段是销售能力的表现形式"。

所以，不要总认为自己的怀才不遇，不要总认为别人没有看到自己的本事，自己是否应该想想，你的才华是否可以展现出来呢？

在一些实际工作中，我们看到当销售人员希望评价别人工作的时候，或者需要别人指点自己工作的时候。如果不能说到点上，就会很像"鸡汤"一样，无非是更努力、更仔细、更认真等评价。可是这样的评价对工作进步是没有什么用处的，因为你还是不知道哪里出了问题，或者全都是问题。

我有一句名言，也是很多学员经常帮我总结的。当然，并不是说这些话是原创的，而是我会经常提到的。

这句名言就是：比犯错更可怕的，是不知道错在哪里。

那么，我们就来把总结出来的销售手段做个介绍吧。

但是，必须要讲明白的是，这样的内容是我个人总结的，至少在我看来是比较全面了。可是，我所看到的销售工作类型是有限的，一定有些销售工作的特点是我没有考虑到的。所以，可以当作一个参考吧。

笔记：

记录：把自己工作情况进行记录，可能涉及工作情况、费用情况、任务完成情况等等。

分析：把销售情况或数据进行分析，了解具体情况，找到其中的问题和需要改善的内容。

策划：对随后的销售工作进行设计，也包括对于销售工作的规划、计划等，一般涉及工作步骤和工作流程以及预期结果等内容。

调研：利用各种途径和方式获得更多信息，并通过其他手段对销售工作进行辅助或指导。

拜访：根据其他手段获得的判断和结论，将所有预期结果在与客户交流过程中得到实现。

组织：根据其他手段获得的判断和结论，按照既定的规划和计划，调动各种资源来保证获得预期结果。

执行：按照既定的销售工作流程或管理流程、管理要求，完成个人应该做到的工作。

建设：为了更好地实现其他工作手段，以及各种销售目的，所进行的涉及能力、知识、演练、管理等所有辅助性和保障性内容。

这就是我总结的所有销售手段。是否已经包括了所有答案呢？

有的词语和其他的工作有相同的地方，但是实际是不一样的，这都是和销售相关的。

那么，我们的能力就可以在这些手段中体现出来；同时，我们的销售工作都是由这些手段组成的。

应该说，正是因为这些手段的不同，也正是因为这些手段的内涵不同，所以，销售工作才与其他的工作存在很大的差异，也形成了独特的"专业性"。

我总是会跟其他行业的人说：不要以为销售是简单的事，这是一个专业的领域，不是什么人都可以做的，因为他们的表现形式是有独特性的。当然，也不要把销售看成一个非常复杂的事情，其实，所有的工作都是手段组成的。

销售工作是一个伟大的工作。也是应该获得专业性的认可。

西门吹雪还是张无忌

这个标题有点奇怪。其实，我最早的标题是"有了标准就有了方向，也就有了办法"。但是，我觉得这个标题更能表达我的意思。

如果大家看过武侠小说的话，一定对这两个人有比较深刻的印象。其实，这两个人反映了两种不同的武林高手。

张无忌是一个几乎所有武功都会的人，无论是华山、崆峒、峨眉、少林、武当等，可以说，在九阳真功的保证下，他的功夫是很全面的。

而西门吹雪则是另外一种人，他的厉害就是一个本事，就是剑，而且是天下第一剑。虽然他对其他的功夫都不会也不是很了解，但是，就这一招，就让天下人害怕。

其实，销售也是一个江湖，也是一个武功高手的聚集地。而且，也形成了两种不同的高手。有的像张无忌一样，什么都会，然后融会贯通；有的则像西门吹雪，就是一样厉害，而且厉害到天下无敌。

那么，这也就阐明了一个道理，如果你想成为一个优秀的销售人员，就可以按照不同的方向来选择进步了。

所以，我原来的标题"有了标准就有了方向，也就有了办法"，就是这样的意思。

如今，我们有了销售手段的概念。也就有了对销售评价和进步的标准。

要么，你在某些手段上具备非常厉害的程度，那么，你就可以充分发挥其他的手段的作用；或者，你可以把所有的手段都提升到一定的程度，那么，你也可以成为非常厉害的销售人员了。

案例：培训的两个难题

原来，当我完成了培训的时候，我的领导总是会问我两个问题：

一是设计这些内容是为了什么？

二是每个销售人员到底得到了什么？

我现在发现当初的回答一定是很空泛的。

现在，我在问我的下属这两个问题时，就要求他们要从八个销售手段来解释这两个题目。我现在发现，这样的问题真的很有效果。我们的培训课程再也不是"美而无用"了。

所以，我一直认为这个概念的建立是非常有意义的。特别是使得销售人员在自我评价的时候，以及在工作分析的时候有了更有意义的标准。

> 笔记：
>
> 销售手段将复杂而且庞大的能力学习与销售工作建立了良好的结合；
>
> 销售手段将各种销售工作的提升从整体转变成模块，更容易产生效益；
>
> 销售人员可以根据自己在各种销售手段的实际情况，有针对性地提升；
>
> 销售人员可以根据不同销售手段的改变和调整，改造各种销售工作。

销售人员都希望进步，也希望改变。但是，以前是很难改变或者改变起来非常复杂。现在，通过销售手段的概念的建立，我们的进步方向"获得了标准"。

既然我们获得了标准，是否也请大家仔细以八个手段为标准，来仔细分析一下自己的水平到底是什么样的呢？

或者，我们也可以发现自己有哪些不足是可以作为改善的重点。

否则，我们可能永远都只能停留在现实的水平中，而不可能成为"千里马"。

变成千里马的方式

在讨论了销售的概念、销售业绩的理解、销售业绩的平台特点、销售工作的销售手段这几个重要的内容之后，就必然要考虑一个关键的问题：如何让自己成为一个拥有好业绩的优秀销售人员。

这也是很多管理者、销售人员非常关注的内容，也是我这个从销售走出来，一直在做培训工作的人所关注的内容。

笔记：

实现销售业绩和销售水平的提升，主要有两种方式：

第一种方式是根据新的销售业绩（销售水平）作为标准，来明确需要各种条件的改变标准，然后逐渐实现并完善的过程。

第二种方式是根据现实销售工作的实际问题或突出问题，通过单一或简单的突破来带动整体销售业绩（销售水平）的跳跃。

注意：销售业绩和销售水平都可以按照这样的方式来设计。

案例：每个月10万元怎么做到

小B现在的业绩是每个月6万元左右，而且已经在这样的业绩上徘徊了好一段时间。因此，非常希望可以获得提升。在参加了我的培训课之后，对于相关概念的理解使他有了一些想法，所以就把一些思路通过文字的方式发给我，希望我能指点一下。

第一部分：10万元在哪里？他列举了一些市场可以获得更高业绩的空间，而且分得比较细致，包括产品、客户等等。

第二部分：这些业绩怎么能实现？他根据自己的经验进行了分析，如果可以得到这些业绩，从市场上、客户上、其他因素上需要具备的条件。

第三部分：如何才能把这些条件做到，而且是在一个月内？他根据以上的分析，列出了一份一个月的工作时间、工作内容、工作资源使用的计划。

第四部分：做到这些，自己还缺什么？他列举的内容包括了自己的能力方面的条件，也列举了需要其他方面的支持，特别是领导的支持和同事的配合。

第五部分：让 10 万元实现的工作规划。最终，就是一个初步的工作规划，大约安排了 3 个月的工作。

最后，他写了一句话：只要我能在三个月内把不足的部分争取到，那么，第四个月的销售应该可以接近 10 万元了，甚至更好！

不知道你怎么来看待这样的思路呢？

我给出的评价是非常高的：从思路上讲，我可以给出 A；但是，从实际工作上讲，存在一个很大的漏洞，就是所有分析和计划的可靠性。因此，我给出的建议是：请有经验的销售人员，特别是销售业绩在 10 万元左右的销售人员来帮他完善相关细节。

其实，他所展示的思路，就是我们在之前提到的第一种思路。

案例：一点突破的力量

C 总是一个销售团队的负责人。在经历了摸索期、增长期这段快乐的时光之后，就进入了困难期。销售业绩一直没有起色。

C 总也知道需要提升销售人员的能力，特别是了解了销售手段这个概念之后，决定从人员能力提升来改善现状。

所以，他每周的会议上都会安排不同内容的培训，而且还邀请了一些优秀的销售人员来做老师。经过一段时间的努力，人员的能力确实有提升，销售业绩也有了一些改善，但是，速度却不快。C 总知道，虽然这是个漫长的过程，但是，销售业绩这么做，实在让他着急。

在了解了平台理论中涉及改变的内容之后，他调整了培训方式，而是选择了销售工作中最薄弱而且见效最快的内容作为重点。他选择了产品知识的应用这个点。

于是，强化的产品培训展开了。经过一个多月的集中提高，销售人员的产品知识和产品知识应用的水平有了突出的进步。关键是带动

了其他工作的改善，并很快取得了业绩上的快速增长。

事实上，C总的思路就是我们所提到的第二种方式。

因为，这种思路还涉及一个关于销售手段更深入的理解要点。

> 笔记：
>
> 每种销售手段之间都有着不同程度的联系，改变一种销售手段的现状，是可以带动其他销售手段变化的。而且有相互促进和相互制约的关系。

当然，C总的这个案例也是有一些不足的，主要是如何确定一个单独点的提升程度问题。因为每个销售手段的提升都有着比较大的空间，不同的空间所要求的学习和训练的内容也不同。如果不确定一个比较合理的程度，不仅会大量消耗资源，甚至会造成与其他手段结合的不协调情况。

在我给销售人员进行培训的时候，会特别提到关于两种方式的应用问题。

对于管理者或者决策者来说，应该尽量选择第一种方式，也就先确定一个可以明确实现的目标，然后，根据目标的条件来落实相关的工作。

对于销售人员来说，应该尽量选择第二种方式，也就是确定单一或简单的几个手段作为重点突破，并带动销售业绩的改变。

当然，如果销售管理者不能很好地预期销售目标，或者是很难进行设计的，自然需要考虑第二种方式；如果销售人员能获得优秀人员或者其他"高人"的指点，也可以选择第一种方式来实现。

这是需要结合实际情况来判断的。

说一个题外话，因为总会有人和我探讨一些企业发展的问题。

对于那些比较成熟行业的企业或者团体，一般会考虑选择第一种方式来寻求更大的发展；而对于那些新兴的企业或者团体，一般会考虑选择第二种方式来寻求改变。

所以，我又要说名言了：

"当你能找到一个正确的答案，并把答案做到最好，你就是优秀的，如果能做好两三个答案，那就是顶级的，如果你知道所有的答案，那你就适合做培训师了！"

选择哪个答案呢？

首先，我必须阐明几个重要的观点：

> 笔记：
>
> 不同的销售工作、不同的销售团队、不同的销售性质对每个销售手段的应用是不同的，销售手段的价值也会有差异，所以，并没有一个绝对适合的答案适合所有对象。
>
> 每个销售手段都有着非常丰富的内涵，都可以带来整体销售水平的提升，并不能明确地区分哪个销售手段更有价值。

关于各种销售手段的研究，我也都进行过，也形成了一些研究观点。这些内容都已经汇总成本书的一个章节，也就是本书后面的附录内容，如果大家有兴趣，也可以直接翻到相关章节去阅读。

但是，如果说在八个销售手段中一定要选一个最重要的内容，估计大家都会考虑"拜访"，尤其是从事一线销售的人员。

而且，越是复杂的销售工作，拜访的价值也越大。

因此，关于销售拜访的研究是最多的，关于拜访的培训也是最多的，最容易展示销售人员能力的也是拜访，而所有的工作内容都会有拜访环节。

所以，我们才会把这个内容作为本书的主题。

那么，我们就开始从认识这个手段开始吧。当然，在我们即将开始关于拜访的学习之前，还要做一件事情，就是想一想，通过这一章的内容，有哪些我们曾经模糊的概念已经变得清晰了呢？

什么是销售？

什么是业绩？

什么是平台？

什么是销售手段？

然后，我们才能开始下一个问题：

什么是拜访呢？

第二章
从99%到∞的拜访

案例：销售人员的三种状态

有一个关于销售人员的工作状态的描述文字，非常有意思，也获得了很多同行的认可：

要么我正在拜访；要么我正在准备拜访；要么我就是正在去拜访的路上！

这样的描述是模仿当年星巴克的宣传内容："要么我在星巴克，要么我就在去星巴克的路上。"估计这段内容的编写者正是在星巴克写下的吧。

但是，这段文字对销售人员工作状态的描述还是非常形象的。

所以有人说：销售人员的全部工作就是拜访。要么是拜访，要么就是为了拜访。当然，这样的观点是有依据的。

　　笔记：
　　销售工作几乎全是通过拜访来实现或反馈的。

　　我用了一个"几乎全部"来表达这个含义，是有道理的。

　　首先，因为通过本书的阅读，大家会发现，通过对拜访的全面研究和阐述，拜访的范畴是非常广泛的，也就明白拜访对销售的意义。

　　拜访不仅仅是针对客户，也包括其他的对象；
　　拜访不仅仅是通过说话或者交谈，还包括其他的方式；
　　拜访不仅仅是为了实现销售成果，还包括其他的目的；
　　拜访不仅仅是为了拜访本身，还包括对其他手段的指引和修正；
　　……

　　那为什么是"几乎"呢？而且，为什么是"99%"呢？

　　爱迪生有这样一句话"天才等于1%的灵感加上99%的汗水……"。当然，这样的话后面还有内容是被大家忽略的："Genius is one percent inspiration and ninety-nine percent perspiration. Accordingly, a 'genius' is often merely a talented person who has done all of his or her homework."

　　翻译过来就是：天才是有天赋的人努力工作。也就是说1%的灵感是最基本的条件。

　　销售工作的1%就是思考和理论的水平，这并不完全依靠拜访。当然，对于大多数的销售人员来说，99%的拜访是最重要的工作内容。何况，那1%的部分也需要从拜访中来，并在拜访中验证才有意义啊！

∞的拜访

　　"∞"是什么？可能有一些人已经忘记了，因为那是我们读书时最讨厌的一个符号，特别是在大学学习高等数学的时候，就更痛苦了。

这是"无穷大"的含义，也就没有尽头的意思了。所以，我的这个小标题的真实含义是"没有尽头的拜访"，当然，还有一层含义就是"没有终极标准的拜访"！

案例：销售人员回归

老赵是一个非常优秀的销售人员。因为一些考虑，他曾经辞职去国外读书三年。回到国内以后，他准备自己创业，当然还是自己熟悉的行业。这就意味着，他不得不从基层的销售工作重新做起。

但是，当时隔三年，他发现曾经非常熟悉的销售工作已经变得陌生了，很多工作的内容和标准等都和三年前有了比较大的变化。而且，最大的变化就是拜访。

拜访的方式、内容、程序、问题等，都已经不再是以前的样子了。好在他的基本能力是很不错的。也逐渐地跟上了市场的变化，自己又逐渐找到了曾经的感觉。

老赵是我的一个好朋友，他的经历和感受是我很了解的。而且，我的经历中也曾经有过这样的过程，也对销售中的变化感受颇深。

在我给销售管理者进行培训的时候，总会利用这个故事来跟管理者提出我的观点。

首先，销售管理者往往是销售工作做得不错的人，但是，要记住是曾经做得不错的人；

其次，销售工作正在发生着各种变化，管理者的经验价值会逐渐的降低，越是高级的管理者，他的经验价值越低；

因此，销售管理者必须尽量不要与销售一线的工作脱节，至少要保持关注，有的企业甚至要求管理者定期承担一些一线的销售工作；

最后，不要依据经验来做决策和管理，可能，销售工作已经和你想象的不大一样了。尤其是使用频率最高，变异的速度也最快的拜访。

我总是会提醒销售人员，不要忽视拜访。因为拜访是"∞"的。以下内容是我在各种场合中经常提到的"名言"，也希望销售人员们要特别记住。

> 笔记：
> 拜访是一个没有终止的过程！
> 拜访是一个没有上限的工作！
> 没有完全相同的两个拜访！
> 拜访是一个持续变化的过程！
> 拜访是销售人员一直都需要持续学习和训练的！

这里的每一句话都是不需要再做什么更细致的讲解了，相信不仅仅是销售人员，任何人都可以很好地理解。拜访就是这样的一个销售手段。

因此，每个销售人员都应该认真地学习拜访、思考拜访、提升拜访。

可是，只是有这样的愿望和决心还是不够的，因为……

迷失的拜访

之所以用"迷失"这个词，是因为关于拜访的重要程度是被公认的，但是对拜访的规律却是迷失的；对拜访的作用是公认的，但是对于拜访怎么发挥作用却是迷失的；对于拜访的过程是大家熟悉的，但是对怎么学习拜访却是迷失的。

虽然我们每个销售人员看到的、听到的、经历的拜访很多，但是，始终无法找到其中的规律。也可以说，每当我们有些想法的时候，又会被现实的情况迷惑。总会有些案例让我们不得不重新思考：什么样的拜访才是对的呢？

案例：傻傻的业务员

在我做销售管理的时候，曾经被一位大客户要求接受他的亲戚来我的团队做销售，由于无法对抗其中的"好处"，也只好接收了。

但是，说实话，那是一个让我无法形容的"面试"。这个小伙子给我的感觉就是"傻傻的"。因为，自从他的出现，我们的任何考试、考核、训练的最后一名，都很准确地落到他的头上。

于是，考虑到这样的情况，出于"某些不能明说的动机"，我安排了他负责一些非常难的客户，而且是很多销售人员都无法取得进展的客户。我非常希望，面对各种困难，他可以自动放弃"对我的折磨"。而且，也没有给他太多的关注。

但是，3个月之后，这些客户中出现了大量的合作与成交结果，销售业绩也逐渐成为了团队的前几名。这是无法想象的。

当我进行非常细致的调研之后发现，小伙子只是做了一件事：就是天天去客户那里"报到"，而且，就是坐在门口。既不争取和客户交流，也不会干扰客户的工作。有机会就介绍我们的产品，而且几乎是同样的内容不断地重复，因为他实在记不住更复杂的内容。

于是，经过这3个月的"轰炸"，很多客户受不了了，如果你是客户你能忍受这样的情况么？怕是要疯了。要么主动和他交流，要么干脆直接决定合作，反正是受不了了。当然，也确实有几个客户被"感动"了。

我已经尽量用平和的文字来描述这件事情。但是，相信还是会有人笑的。直到这个小伙子自己决定去做生意离开很久了，我们还是会提到这个曾经的销售人员。

不过，我总和其他同事说：从拜访的角度来说，他的效率是最低的，甚至都不能算是销售工作，但是，谁又能真正能做到呢？面对冷漠、拒绝、等待3个月。这是把"勇气"这种方式发挥到极致的"传奇故事"！

案例：奇怪的理由

一位资深的专家对行业的影响力非常大，很多企业都希望能让他认可自己的产品，于是，都会加强对他的拜访。而且，考虑到他是一个"帅帅的男专家"，都是委派美女去拜访。包括我的公司，也是一样的做法。

但实际的效果非常不好，专家也不愿意给更多的时间，也没有看到他和哪个企业有交流合作。于是，我的美女下属只好把这个难题推给我：领导，我没办法了，你去吧。

当我拜访这位专家的时候，并没有感觉到什么障碍，交流得也非常顺畅。通过对产品和公司的了解，专家也很快与我们合作了一些项目。这让业内的很多销售人员都很吃惊，都对我的"拜访能力"非常崇拜，甚至有其他公司的领导来找我取经。

可是，问题是，我并不清楚有什么经验可以介绍，于是，只好"故弄玄虚"地讲一些道理而已。最后，我实在想不通了，就专门询问了专家：我的拜访中有什么细节是被客户接受的呢？为什么专家会接受我的拜访呢？

"哎，你知道么？我生了两个女儿，然后她们结婚之后，又生了两个女儿。我们家全都是女孩子，再加上我太太。哎，你知道么？那是什么情景啊！所以，我就特别烦女孩。"

"奇怪了，你是第一个拜访我的男孩子，我就想多说说，何况你的产品和公司也确实不错，所以自然就可以合作了……"

啊！我还能说什么呢？

是啊，大家还能说什么呢？你会怎么看拜访呢？

类似的案例在我的记忆中有很多，相信很多销售人员也会遇到一些。特别是在我讲拜访内容的时候，总会有人把一些类似的案例提出来，目的是推翻我的观点。

"乌鸦都是黑的，但是，确实有一只白色的啊！"

"你说的都对，但是，总是有很多特殊的情况存在啊！"

于是，关于拜访的研究和训练就变成了一个非常复杂的过程。

于是，好像什么样的能力和知识都有可能有用，所以都需要学习。

于是，拜访就成了一个谁也说不清的事情，或者谁的观点都有道理的状况。

案例：早会内容

李经理管理着一个庞大的销售队伍，他也非常清楚拜访对销售人员的作用，也一直希望可以提升销售人员的拜访能力。于是，他特别安排了一个非常重要的工作内容：早会培训。

李经理的早会培训内容是非常丰富的，包括与产品有关的、与销售有关的、与公司有关的、与礼仪有关的、与生活有关的、与新闻有关的……甚至包括电影小说八卦等等。

这样的安排是基于李经理的一个观点：拜访什么都需要，你永远不知道哪个会用到。

相信这样的情况对销售人员来说并不陌生吧。好像很多的销售管理者都很热衷做这样的事情。当然，他们的心思和动机是可以理解的，但是，是否真的有作用，就很少有人评估过了。很多人的观点认为，既然拜访需要那么多东西，多学一点总是好的吧。

其实，这都是一种对拜访认识的误区。

既然说到误区，我们就从一些最常见的误区开始我们对拜访的认识吧。

误区之沟通与拜访

可以说，"沟通"是我一直都很纠结的词语，因为人人都会说，可是，人人却说不清楚。无论是做销售还是做培训，都一直被这个词困扰着。

我在培训的时候，经常会要求销售人员在学习一个概念的时候，要学会使用"场景设计"的方式。

也就是通过一个场景的设计，以及相关细节的描述，或者可以通过一个演练，来阐述这个概念。这样的考虑是希望大家能从实际工作中理解一个概念。

如果是涉及能力的概念，我会首先明确这个能力的好坏标准。那就是需要让参训人员了解能力好与不好的差异。

如果是涉及培训的内容。我会首先明确，培训效果是什么。也就是怎么证明一个人员通过培训已经发生了变化。

如果一个概念不能被描述，如果一个能力不能被评价，如果一个培训内容不能产生效果，那么，我可以说：这个概念、这个能力、这个培训内容对销售是没有意义的，至少不属于销售。

那么，大家能不能设计一个场景，告诉我那就是沟通么？
那么，大家能不能告诉我沟通能力的好坏是怎么评价的？
那么，大家能不能告诉我沟通能力的培训效果是什么呢？
好像可以，但是，也好像不大对吧。
我们可以先看看沟通的定义吧！

沟通是指人与人之间，人与群体之间思想与感情的传递和反馈过程，以求得思想达成一致和感情的通畅。

沟通能力包括较多能力，虽然是表现出来的能力，但是更多的会涉及个人的知识、素质、能力、道德的体现。

从这样的定义看，就会发现这和销售好像不大相关吧。

我总结了一些分析结果，请大家参考一下。

> 笔记：
> 沟通以及与沟通相关的并不属于销售的范畴！
> 拜访是面对客户的。沟通却是面对非销售关系的人。
> 拜访是明确销售目的的。沟通却无法限定目的。
> 拜访成功的关键是销售人员自己。沟通却需要双方的配合。

案例：把沟通变成拜访

小 B 是在工作的时候接到同学聚会的电话，当时他正在为新的销售工作计划发愁。同学聚会的电话给了他一个非常好的启发：自己的同学都是在这个行业工作，而且有不少都是做销售工作或市场工作的，正好可以利用这个机会好好向他们咨询一下。

可是，小 B 又犯愁了。平时的同学聚会总是非常开心和热闹的，很少会谈及到工作的事情，所以，平时小 B 总是非常轻松地去，非常开心地回来。如果自己把想法说出来，怕影响聚会的氛围，而且，自己也不想只是谈工作，还是很想利用同学聚会的时间和大家开心一下。

那他应该怎么办呢？

这个案例就已经很好地说明了沟通和拜访的区别了。大家可以想一想，平时你的同学聚会是什么样子。现在，小 B 要让这个过程变成拜访，是否要做些改变呢？改变什么呢？

根据上面的笔记，就了解了要点：把同学暂时当成客户；明确目的；自己主导全过程。当然，这样的想法还必须在沟通的氛围中实现，确实有点不容易了。

误区之能力与技巧

案例：经验传递的尴尬

小王是一个业绩非常不错的销售人员，也做这份工作很长时间了。现在他遇到了一个非常棘手的难题：怎么教新人。

小王选择了三种方式来教新人，在他看来应该是很有成效的。

第一是通过授课的方式。他会把自己的工作经历，各种情况，具体做法都告诉新人；

第二是通过陪同的方式。他会让新人和他一起去拜访客户，让新人去听、去看、去学；

第三是通过交流的方式。他会与新人一起交流拜访中的问题，并为他们出主意、想办法。

其实，小王的方式就是我们经常说的传帮带方式。

实际的情况，却一直不理想，新人的进步也非常有限。可是，小王实在不知道到底该怎么做才能更有效率。

我相信小王是很想新人可以尽快掌握拜访的能力，也确实非常尽心。可是为什么效果并不理想，而且效率比较低呢？

这也涉及我们对拜访的理解误区问题了。

如果我们认为拜访就是靠经验积累，就是根据实际情况的各种随机应变，那么，这样的方式是没有问题的。事实上，有很多的工作技能是需要这样的方式的，特别是评价标准不大清晰的，像艺术类、文学类等等。

但实际上，拜访是一种销售手段，是一种可以明确评价水平的工作。只是很多销售人员没有真正梳理过，也一直按照模糊的状态来进行。

所以，在我听到销售经验介绍的活动中，总是会收到这样的信息格式：

当出现了……情况，我是……做的，结果是……

这是技巧！

> 笔记：
> 技巧是基于特定的思考模式，在特定条件下的具体表现。
> 能力是产生技巧的基础，一般包括操作技能和思考方式。

这让我想起了看过的一些文章，其中一些内容很值得大家参考。

"你怎么打胜这个战役的细节，我不关心，我最关心的是你的指挥心理。"

"你做了什么不是最重要的，你是怎么想的，怎么判断的才是最重要的。"

"把一件事情做好或者做坏都不难，如果想做到最好或者最坏，就需要大量的理论和电脑来配合了。"

各种让人欣赏或者羡慕的拜访经验都是表现形式而已。而拜访的真正水平才是可以制造这些经验的根本，至少可以持续制造的根本！

误区之实战与学习

"……打仗还用学，我没学过，不一样打胜仗。打仗这事，就是从实战中来，再到实战中去。上军校还能学会打仗……"

这段话是电视《亮剑》里李云龙说的一段话。

我相信，很多销售人员也是这样的想法。就像很多销售人员都会说：学什么学？只要多去、多碰钉子、多尝试，就可以掌握了。你看，我从来都没学过，拜访不一样做得很好么。

其实，但凡说这样话的人，最主要的观点是：这（打仗或拜访）还能怎么学啊？

因为很多人认为拜访是没有办法学的，或者是学的都和拜访没有关系，所以才认为没有必要去学习，还不如多实践更有价值。

的确是这样。

很多人都知道拜访，也知道拜访的价值，但是，如果问大家拜访应该怎么学？可能知道答案的人就很少了。

既然已经说到这里了，我们就很有必要仔细地阅读随后的内容了。我要告诉大家，拜访和你认为的不一样，而且，拜访的研究已经很深入了，同时拜访是可以学习的。

定义，定义，定义

笔记：

掌握基本的概念是我们了解事物的基础和起点。

案例：咨询方案的交易

X企业即将启动"品牌建设"战略，因此特别邀请了咨询公司来帮助策划，咨询公司也提交了一套详细的方案。

但是，企业的决策者对于其中"品牌建设教育部分"的内容要消耗很多时间和资源表示不认可，希望更多的时间应该安排具体的工作。这样的教育是多余的。

咨询公司便启动了一个问卷调查。结果显示，对于品牌建设有正确认识的人非常少，而对于一些重要概念，例如品牌是什么？几乎没有人知道。

　　企业的决策者也非常意外，也认可了这个教育的过程。如果大家认识都不统一，而且都是错误的，怎么可能形成有效的工作。

　　这是我从朋友那里了解的案例，告诉我这个案例的就是这家公司的决策者。

　　其实，很多销售人员都存在这样的缺陷。我们经常会使用一些概念，但是不是真正理解。可如果不理解，又怎么能利用好呢？

　　就像营销、市场、客户、策划。

　　至于顾客满意、"二八原则"、定位理论等就只是"听说"而已了。

　　那么，什么是拜访呢？

　　"拜访啊，那我是清楚的，拜访么？不就是……"

　　每当我和别人探讨一些事情的时候，最怕两种人。就是在一篇文章中提到的，总会说"不就是"和"又怎样"的人。在我看来，爱说这两个词的人都是"懒惰思考"的，同时他们也是最容易被误导和被"忽悠"的人。

　　如果是做销售工作的人，将会很危险，往小的说会影响自己的进步，往大的说会干扰团队成员的状态。

　　在我与销售人员探讨拜访的时候，这样的人也是很常见的。

　　"拜访么，不就是见客户么（不就是搞客情么，不就是让他买产品么）。"

　　"拜访？！知道什么是拜访又怎样？（了解了拜访又怎样，学习了拜访又怎样），还不是看业绩（看应变，看机会，看支持）。"

　　很熟悉的声音吧！

　　我说这么多，就是希望大家关注一个概念的定义，何况是我们最希望了解的拜访。

笔记:

拜访是销售工作中的一个工作手段;

是由销售人员主导的,通过与工作对象进行交流的方式而获得预期销售工作成果的过程;

拜访是可以通过提升效率和效力来发挥更大的作用和价值的。

拜访关键词

这个小章节的内容是非常重要的,因为,我要非常仔细地来解读这个定义,这样我们就可以非常清晰地理解什么是拜访了。当然,在阅读的过程中,大家也可以反思一下自己的拜访,是否真的做正确了或者做好了么?

关于销售手段的内容就不需要再仔细地展开了,因为之前的内容已经讲过了。

第二句是非常关键的,因为是对拜访的一个准确描述,而且其中有几个关键的词语。

"主导"、"工作对象"、"交流方式"、"预期销售工作成果"、"过程"。

"主导"

笔记:

拜访必须是由销售人员主导的。这主要体现在对拜访内容、进程的主导。

案例：准备的内容没有说

小 W 已经为拜访客户做了非常多的准备，尤其是产品的各种信息、各种特点，甚至包括客户可能会问的问题。他非常自信自己的拜访可以获得不错的成果。

但是，当他离开客户的时候，却是沮丧的。因为，从他进入客户的办公室开始，一直都是客户在问问题，在谈其他的事，在抱怨他的工作劳累……小 W 始终不知道怎么开始谈自己的事情，直到拜访结束，他都只是在围绕着客户的事情在"应付"。

为什么会这样呢？

不只是想说的没有说；有时候是设计的内容没有实现；计划的情景没有出现；需要的过程没有做到等。如果我们不能主导过程，那么，还算不算是一次成功的拜访呢？

"工作对象"

> 笔记：
> 拜访不仅是针对客户的，还包括其他与销售工作有关的所有人。

案例：销售人员就是不一样啊。

在一次组织销售人员培训拜访的活动中，秘书与酒店关于工作餐的问题上出现了争执。当秘书把情况告诉我的时候，我就让她在会议上把所有细节告诉参训的销售人员，然后，我就说：既然我们学了拜访，那么，根据这样的信息，谁来处理这个问题呢？结果，大家都踊跃要求"出马"。

最终，一个销售人员代表大家去与酒店交涉，不仅处理了问题，还与酒店人员建立了不错的关系。当酒店负责人来到会场的时候，看到会场上的横幅，就和我说了一句话：

"销售人员就是不一样啊！"

销售工作会遇到各种不同的工作对象，有的是客户，还有其他相关的人员，甚至包括我们的同事和领导。与他们的交流都是为销售工作服务的，因此，也自然会需要使用销售手段，当然，也需要使用拜访的方式。

所以，拜访不仅仅针对客户！

说个题外话。销售人员也是会有职业病的，特别是拜访的习惯，而且面对所有的人都会自然而然地利用拜访的思维来面对。所以，好的销售人员经常成为其他工作人员的重要"助理"，甚至当其他同事买东西的时候，都喜欢有做销售的人员帮忙去砍价。

不过，销售的技能对于某些人，某些情况是没有什么效果的，甚至是糟糕的技能，那就是面对孩子、亲人、家人的时候。所有的技能都会报废，情感的因素会让你所有的技能都毫无用处。因为，你爱他们，所有的理智都被淹没了。而拜访失去了理智和思考，也就完全没有用处了。

所以，销售人员和我说过一个笑话：和销售人员谈恋爱时，必须要识别他是用感情还是用技能。否则，你可能会上当。因此，建议和销售人员谈恋爱的人，都需要学学拜访。

当然了，在我们的研究工作中，主要是研究客户，其他的人员并不是重点。一来，客户是最重要的对象，二来，一旦掌握了面对客户的技能，也就可以更好地面对其他工作对象了。

"交流方式"

笔记：

拜访不仅是指与客户面对面的交流，但凡涉及与客户有交流的事情，都是符合拜访条件的，都应该按照拜访的要求来对待。

很多人都认为拜访就是和客户交流。稍微多些想法的会提到与客户进行电话交流，再多考虑的人员会提到与客户通过短信、QQ交流。其实，还有很多。

案例：朋友圈也是拜访么？

小K在网上看到一篇文章，正好是自己行业的销售分析，其中有很多内容都涉及了各种难缠的客户，所以感触很多，就把这篇文章发到了朋友圈。

刚刚发完不到一分钟，他的领导就打电话让他把这个内容删除掉。虽然他认为领导是大惊小怪，但是，还是执行了。然后，他就找领导去问这件事了。

领导告诉他，你的客户都关注了你的朋友圈，这就意味着你们已经建立了一个交流的平台，那么，你就必须利用拜访的思路来看待这个平台，否则，就会影响销售工作的成果。

小K倒不以为然。直到第二天在拜访客户的时候被客户问到关于这篇文章内容的时候，他才意识到这其中的严重性。

我想，我不需要再多说这个关键词了吧。

"预期销售工作成果"

案例：不知道为什么的拜访

当我睁开眼，看到已经8点了，就开始着急了。因为今天我的领导要和我共同拜访客户。于是，我以最快的速度完成洗漱穿衣，以最快的速度打车来到领导面前。但是，却没想到领导的第一个问题就让我"短路"了。

"你今天拜访客户的预期成果是什么？"

"你没准备吧。是不是起晚了，是不是匆忙赶过来的？"

这是我记忆很清楚的过程。领导把我带到一家小餐厅，一边点了早餐和我一起吃，一边和我梳理客户的情况，工作的进展，并确定了拜访的目的。然后才和我一起去拜访客户。

当一切都结束了，当领导离开的时候，他很郑重地跟我说：

"没有预期成果的拜访，不如不做！拜访不是工作内容，而是工作手段，必须是为了一个目的而存在。你再好好想想吧。"

每次当我提到这个案例的时候，很多人都会说：你的领导真好。其实，我忽略了领导后面的话："我之所以这样做，是不希望自己白来一趟"。

那么，我们去拜访的时候，是否会想到为了什么成果呢？销售手段就是一个手段，它不是内容，也不是结果。而是为了一个销售成果而存在的。如果一个销售成果需要的不是拜访，或者在家里做好其他的手段会更有意义。

"过程"

> 笔记:
> 拜访是一个过程,不仅是与客户交流的部分,也包括与拜访相关的准备部分和后续部分。只有做好所有的部分,才算是一个完整的拜访。

我在做销售管理者的时候,每到有新人,都会要求他们每次拜访回来都要做拜访总结。

我发现一个很有意思的情况:新人刚开始汇报的时候,主要是讲怎么想的、怎么考虑的、怎么设计的;当新人有了一点经验以后,主要是讲拜访的过程怎么样、自己的巧妙怎么样。

可是,这都不符合我的要求,我一直要求他们必须把拜访说全。一开始的时候,我并没有特别意识到拜访的概念问题,因为当时我还没有开始研究这个内容。但是,我总是要求他们必须把准备的情况、拜访的过程、拜访以后的情况都说清楚。道理也很简单,因为我的领导就是这么要求我的。

现在来看,这是正确的要求,因为这样才算是一个完整的拜访。只有听到一个完整的拜访,才能进行评价和指导啊。如果只对一个小环节去评价,是没有太大意义的。

拜访是一个全面的过程。只有全面的考虑,才能保证拜访的实际效果。

作用和发展

看到这里的时候,我们应该对拜访有了比较多的认识,甚至是颠覆性的。不过，也会形成一个念头：知道这些又怎样！请注意标点符号，是"！"不是"？"。这其实我之前所说的一种人，也就是"懒惰思考"的人。

或者，我们也可以把这样的观点作为一个课题，我们也可以思考一下：知道了拜访这些道理又能怎样呢？

> 笔记：
> 拜访的特点决定了它具备双重性质，既是一种销售手段，也可以是一种工作方法。

我在培训课上或者在工作会上，总会提到一个重要观点：学习拜访不仅仅是为保证工作方法的效果，而且，有很多时候，我们可以只利用拜访就可以解决很多问题。

为此，我曾经组织过专门的内容。要求销售人员把自己在销售工作中遇到的问题列出来，然后请大家共同帮忙出主意。

于是，大家的各种问题都被提出来，确实是五花八门啊。而大家的主意也是很有想法。例如调整价格、学习产品、产品定位等策略层面的主意，也有例如请客、送礼、搞活动、开学术会等工作方法层面的主意，当然也有很极端的主意，就不提了。

反正，大家都会努力想办法来解决这些问题。不过，大都需要消耗一些资源，小的说是时间和精力，大的说是资金、支持，甚至还会涉及自己的尊严和道德。

最后，我要让大家思考一个问题：如果仅依靠拜访，能不能解决这些问题呢？或者说，如果没有其他的任何资源，你该怎么办呢？

这一个问题就已经涵盖了标题的两个内容：作用和发展。

拜访的作用的确会以销售手段的方式存在，会在一些工作方法中发挥一定的作用。但是，因为拜访是直接面对客户，而且这样的过程也可以产生销售工作成果，所以，拜访也可以是工作方法。

同时，这也说明另外的一个道理，如果我们可以掌握更高水平的拜访，也就意味着可以利用拜访解决更多问题。因为拜访总体使用的资源是比较少的，所以对于销售效率是很有意义的。

我的拜访课老师曾经说：

"任何销售工作中的问题几乎都可以利用拜访解决，关键是你有没有能力做得到！"

那么，我们是否可以解答那个"又怎样"的问题了。当我们了解了拜访就有可能提高拜访能力，就可能解决更多更难的问题，就有机会获得更好的业绩，就有条件获得更好的收入，就一定可以获得更大的发展！

拜访应该怎么学？

是啊！这的确是一个非常重要的问题。尤其对于我们这些已经完全沉浸在销售的社会中；尤其是销售对所有人都不再是陌生的市场环境中。我们怎么才能真正赢得先机和优势呢？

正如我之前所说的，早期的销售人员是"幸福"的，因为他们是摸索的一代，任何新想法都可以带来巨大的效益，也没有那些"精明的客户"和"知道一切的客户"。因此，也塑造了销售的很多奇迹。当然，其中的困难是我们不能理解的，估计我们在那个时代也不一定比前辈们做得好。

现在呢？也是困难的。也可以说，销售永远都是困难的。永远都有挑战。

那拜访呢？以前的拜访的确是比现在要容易，至少客户是比较简单的，对于销售人员的"伎俩"还没有"免疫力"。现在可不是了，每个客户都"聪明的不得了"，甚至有客户很骄傲地说：现在的销售人员太嫩了，他们"一撅屁股，就知道拉什么屎"。

记得在我第一次离开销售行业的时候，居然有客户请我给他们讲课：如何对付销售人员！而我也确实很好地完成了这个任务。很可恨，是吧。

但是，过去的销售也为我们储备了丰富的经验，这为销售研究提供了必需的条件。于是，关于销售的研究也越来越深入，新的思想和理论也出现了。这也让我们可以获得新的机会。

从20世纪90年代初，就已经出现了对拜访的研究，也有了关于拜访的培训。我也是在那个时候第一次接触到拜访，也是在那个时候开始关注这个内容，且一直在研究这个课题。

从那个时候开始，关于拜访的培训就形成两种不同的路线：一个是以技巧作为核心的拜访，另一个是以模式化作为核心的拜访。

以技巧为核心的拜访所注重的是各种成功案例的经验研究和借鉴。一般会围绕拜访的各种问题、各种困难提供解决的方法以及必要的知识和训练。

简单地说就是告诉你：好的拜访是什么样子。

由于这样的方式对销售人员的激励比较直观，而且，需要学习和训练的内容也比较有针对性，是销售人员比较喜欢的。关键是可以使销售人员，特别是使新人比较快速地掌握一些经验和操作方法。

以模式化为核心的拜访所注重的是拜访的规律研究，一般是围绕拜访的规律及应用来进行系统的学习和训练。

简单地说就是告诉你：拜访应该怎么做。

相对于技巧核心的拜访，案例的作用就没有那么多了。而是更注重销售人员能力和知识的构建，使其可以具备做好拜访条件。

这样的方式就不大容易吸引人了，在早期的时候，主要是在外企内部搞，也有一些咨询公司在搞。而且大都是企业决策者强制要求的。在国内的企业并不是很受欢迎，因为见效太慢，一般培训氛围也不是很讨人喜欢。

但是，随着销售行业的发展，特别是伴随着中国经济发展的速度，中国企业和外资企业的差异也越来越大。我们也领略了由一群优秀的销售团队所带来的巨大力量。

我们也意识到，经验和技巧已经不能适应快速变化的市场，甚至经验和技巧的出现也越来越少。

所以，一些企业也向外企学习，甚至把外企优秀的人员聘到自己的企业中，其中很大一部分都是销售人员。他们进入中国企业以后，也把很多模式化的东西引进，包括拜访的模式。这在当时形成了一种潮流，大量的外企人员进入到国内企业，甚至成为高级管理者和决策者。

于是，外企的模式化成果开始和中国方式进行了结合，也正是这样的结合，使原来的模式化成果焕发了巨大的生机。像拜访，就已经不再是固定的东西了，开始逐渐形成不同的行业特点，甚至有不同企业的特点。

遗憾的是，虽然新的内容已经丰富了，但是以经验和技巧为核心的思维模式并没有改变。目前很多企业使用的拜访模式还是最早外企的内容，只是会做更多的变通，还把各种经验和技巧融合进这些模式中，并没有在模式研究和系统研究上做更多的改变。

因此，这也是我写这本书的重要动机之一吧。

模式化

估计一看到这个标题，就会有人头疼了。好专业的词啊！或者这就是很多人对理论和专业内容表示拒绝的理由吧。而且，也确实有很多类似的讲解会让人一头雾水。但是，我会尽量让大家可以很好地理解。

就说模式化吧。其实，这是一个我们在日常都在做的事，只是我们自己没有进行梳理，也不知道这是有名字的。

案例：打牌高手是怎么练成的

有一些朋友是打牌高手。只要打上几把，就能根据对手出牌判断对手其他牌的情况，而且总是很准的，要想赢他很难。

那么，他是怎么练成的呢？

很多高手告诉我，其实就是打得多和多总结。每个人出牌都是有规律的，都是根据自己牌的形势来决定的。可以根据对手出牌的过程和方式来进行判断，甚至可以根据对手的表情以及出牌的速度来判断。当这样的总结越来越多以后，就会建立比较稳定的判断方式，而且又会在实际中进行修正，特别是遇到很厉害的对手或者很烂的对手时，必须要进行修正。

这是什么？这就是模式化。而模式化也是我们思考问题的一种方式。不仅仅是打牌，还有很多领域都会使用到。

例如我们对一个人的判断，我们对一场比赛的判断，我们对股市价格的判断等，这种思维方式的应用是非常多的。

当我们面对一个比较复杂事物，特别是这种事物出现频率很高的情况下，我们就会自然识别其中一些特殊的规律，并根据这样的规律来对更多的同类事物进行判断。这就是模式化的过程。

当然，如果这样的模式化不进行调整，就可能成为一个顽固不化的人，如果能及时进行修正，就可以成为一个经验丰富的人了。

如果这个打牌高手把自己的经验告诉你，其实，就是把模式化的成果告诉你。

只是有很多人自己可以掌握模式化，但是却不知道如何传授给别人。这就是模式化研究和培训的范畴了，那是需要一些理论学习和训练的。

有时候，很多人会把模式化和标准化、流程化进行混淆。因为它们的表现形式很相似。在此有必要进行一些解释。

标准化是事先设计出来的，而且每个细节都很准确、严谨；

流程化是根据需要推导出来的，它体现的是各个环节的必要性；

模式化是根据经验总结出来的，它更关注的是相关性及合理性。

其实，如果做更细致的研究就会发现，很多事物的研究都存在一个过程：从模式化到流程化再到标准化。

不过，如果是比较复杂而且变化较大的事物，往往只能做到模式化的程度。像销售、人际交往、教育等等。当然，拜访也是这样的事物，是复杂而且变化较大的事物。

拜访就是通过这样的过程实现模式化的。

一开始，没有拜访的概念，所有的销售人员自然按照自己的想法去做工作。逐渐地，出现了好的、不好的、有效的、无效的工作情况。于是，就有人对这些经验进行研究分析，并找到其中的规律和特点，并建立了一些规律性的结论。然后，这样的结论又会伴随着销售工作的继续而丰富、强化、调整。最终就形成了一个比较稳定的，而且可以适应大部分工作情况的拜访模式化成果。

在我与一些外企管理者进行交流的时候，总会提到目前国内企业销售人员的进步和外企销售人员水平停滞的情况。其实，就是对模式化的误解。

因为外企使用的模式化成果是以前经验的总结，其中并没有中国市场的经验，因此，虽然有其先进性，但是却无法和中国市场融合。

而中国企业的销售人员将外企的模式化成果和中国市场的经验进行了结合，形成了新的模式化成果，当然更适合现实了。

其实，外企的错误就是把模式化做成了流程化甚至标准化，这是不符合销售工作，特别是拜访的实际特点的。

这样的原理也决定了不同的拜访模式的不同的命运！

拜访的分类

这里所说的拜访的分类，实际上是拜访模式的分类。因为，拜访是一样的，只是对其模式化的方式反映了不同的行业特点，甚至是企业特点。

在我接收到的各种信息中，有以下的分类方式，一般都会有针对不同的内容再进行更细致的分解。也就是明确每种拜访分类的具体模式。

基于拜访过程的分类：

直接面对客户的拜访：也就是与客户进行面对面交流的拜访过程；

间接面对客户的拜访：也就是不与客户见面交流的拜访过程；

持续面对客户的拜访：也就是与客户在特定空间和时间中的持续拜访过程。

基于拜访阶段的分类：

首次拜访：也就是第一拜访新客户的过程；

早期拜访：也就是以建立客户认知为重点的拜访过程；

维护拜访：也就是针对已经稳定的客户拜访过程；

提升拜访：也就是提升客户认知的拜访过程。

基于拜访效果的分类：

开发拜访：也就是开发客户并建立"三认"的拜访过程；

上量拜访：也就是针对销售业绩的拜访过程；

客情拜访：也就是提升客户感情的拜访过程；

问题拜访：也就是针对销售工作中的问题处理的拜访过程。

基于拜访对象的分类；

基于拜访能力的分类；

基于拜访人员的分类。

……

在销售行业出现这么多的分类方式是非常有意义的事情，不仅可以结合行业和企业的实际经验，又可以利用模式化的方式来归纳。这样就可以让新人更容易上手工作，也可以让有经验的销售人员随时调整自己的拜访，并在模式的基础上寻求更好的提升。

模式化的价值恰恰体现在这两个方面。

案例：你只需要了解这个内容

小丫是从事保险销售工作的。当她进入公司，并接受了基础的产品、企业相关的培训之后，就正式接受销售工作的指导了。

在第一堂销售培训课上，老师就展示了一个由多个环节组成的图表，里面包括：准备、礼仪、开场白、应对、自我介绍、产品介绍、信息收集、结束、汇报分析。老师告诉大家，这就是"首次拜访"的要求。

然后，就是每个环节的理解、练习、演练，直到可以顺利完成全部内容。老师告诉大家，不要急于掌握所有精髓，只要先按照这样的方式做就可以了，因为每个销售人员都是这么做的，这个内容就是无数经验积累形成的。慢慢地，大家就会有经验了。

随后，小Y也按照这样的方式去做了。当然，一开始并不顺利。当她回到公司汇报的时候，她的领导或者优秀销售人员都会按照这些环节来了解她的具体情况，然后针对不好的环节进行调整、训练。

小Y知道自己对这个过程还没有掌握，但是，她知道每次拜访都是验证和提升的机会，她也相信，她一定可以成为一个好的销售人员。

现在，她已经开始接受第二种拜访的学习了：早期拜访！

这个案例就很好地展示了拜访模式的作用。

有了模式就有了工作的标准，有了模式就可以建立培训、管理与销售人员的交流依据，有了模式就为销售人员进步提供了空间和方向。

拜访循环模式的形成

无论是如何进行拜访分类，每种类别的拜访模式往往都会有"环节"的内容。也就是每种拜访都会分解成不同的环节和过程，然后会明确每个环节和过程的要求和注意事项。

这都是受到了外企最早模式化的影响。因为当初的拜访过程都是被分解成若干个环节的。应该说是不同的行业或者企业借鉴了这样的方式，并利用到自己的拜访模式中。

但是，不同的拜访分类都有自己的特点，也就意味着适用范围是局限的，何况，有些分类方式是存在很多问题和漏洞的。因此，在这样的情况下，一直有人在研究具备普遍适合的拜访模式。本人也恰恰是秉持这种观点的。

于是，就有了以拜访循环作为分类的方式。

笔记：

拜访循环分类作为最早的拜访模式，充分融合了各种销售工作的经验，具备更广泛的适用范围。关键是拜访循环的稳定性比较高，变动的程度非常小。

拜访循环分类方式更适合销售人员的个体应用，销售人员或销售管理者可以根据自己的行业特点和企业特点，甚至产品特点和个人特点来灵活应用。

拜访循环分类也为销售人员自我学习、自我训练提供了可能，而且也为形成个性化的拜访提供了创新的方向。

其实，拜访循环一直是存在的，只是因为最早的模式没有与中国销售经验的融合，其适用性已经大大降低了。所以，这些曾经风光的拜访循环渐渐被人们忽略了。

但是，拜访循环的思考基础是比较完善的，有些环节甚至一直都没有改变过。只是对每个环节的理解已经发生了巨大变化。

特别是"循环"这个关键词。这就意味着，销售人员不需要太多的拜访模式，只要在一定的模式中不断的重复就可以了，也会在不断的重复中提升。这本就符合销售本身的特点：销售也是在不断重复中获得销售业绩的！

三种拜访循环

在我们研究拜访循环的时候，就发现了两方面的问题：一是和拜访循环本身有关的问题，二是拜访循环的适用性的问题。

原来在销售行业中使用的拜访循环确实是有问题的，一方面的问题是环节区分上的不合理。例如在销售人员拜访过程中，说服客户是一个重要的内容，但是，在拜访循环中并没有特别的区分；另一方面是对拜访中一些环节的理解已经落伍了，例如拜访中的诉求环节，原有的解释已经非常教条了。

此外，在拜访循环的适用性方面，我们发现这些拜访循环对于某些销售工作是不适用的，应该有符合销售工作特点的新模式。

例如售后和客服工作。原来我们都不认为这是销售工作，因为早期的售后和客服工作确实仅仅是服务性质的工作。但是，现在已经有越来越多的证据证明，这些工作不仅符合销售工作的各种特点，甚至已经可以直接或间接地产生销售业绩，应该可以被认定为销售工作。可惜的是，相关的销售研究非常少，连最基本的拜访模式都没有。

例如店面销售人员。原来我们把他们称为"售货员"，不过是站柜台而已。现在，怕是已经没有人再这么认为了。无论是各种门店或者是柜台，还是网络购物，都已经体现了非常清晰的销售特点。可惜的是，原有的拜访并不适合他们，他们也需要有相应的拜访模式。

> 笔记：
> 我们为普遍意义的销售工作，也就是通过推广产品获得业绩的销售命名为：推广型销售工作。
> 他们的拜访循环就是：正向拜访循环。也就是由销售人员发起的拜访。
> 我们为售后和客服人员的销售工作，也就是通过解决客户的各种问题获得效益的销售，命名为：回应型销售工作。
> 他们的拜访循环就是：逆向拜访循环。也就是由客户发起的拜访。
> 我们为店面销售工作，也就是通过与客户进行交流获得

销售业绩的销售，命名为：柜台销售工作。

他们的拜访循环就是：互动拜访循环。也就是由客户与销售人员共同发起的拜访。

在本书中，我们就会围绕三种拜访循环进行详细的讲解。

当然，并不是说每种类型的销售人员的拜访循环专属于自己的销售工作。

笔记：

三种拜访循环在不同的销售人员的实际工作中都客观存在，只是使用的频率不同。

案例：不只是一种拜访

小 D 最近有点麻烦，他所销售的新产品连续遭遇了客户的投诉，甚至要求退换货，这让他焦头烂额啊。为了解决这个问题，自己都快跑断腿了，关键是公司并没有相关的支持，自己都搭上了不少成本，甚至还自己掏腰包请客户吃饭，化解客户的气愤。

可是，让他奇怪的是，有一些同事也面临着同样的问题，可是却处理得非常快，也没见他们花什么费用，关键是客户都很满意。

于是，他考虑要和这些优秀的员工们学学。正好有个同事也接到了投诉电话，就马上申请当同事的"提包"，就是想看看，他们是怎么处理的。

然后，等回到自己家里，他就特别翻出以前的学习资料，重点阅读了"逆向拜访"的部分。关键是，他终于意识到：自己需要掌握的拜访并不是一种。

因此，只要你想做好自己的销售工作，就应该重点学习自己使用频率最高的拜访循环，同时也应该学习其他的拜访循环。

销售的改变

从门口的恐慌开始，我们逐渐地完成了对优秀销售人员的分析，也调整了对销售、销售业绩、销售平台的认识，还了解了销售手段、拜访、模式化的概念，终于到了本书的主旨：拜访循环。

之所以做这样的总结，是希望我们认识到学习拜访的必要性和学习拜访的方向。因为这个总结不是结束，而是开始。

我一直认为拜访是最能体现销售魅力的内容，也是最能反映销售工作乐趣的地方。当然，也是销售人员变得强大的必要条件。

那么，我们就一起开始领略拜访的丰富内涵吧。

第三章
你的地盘，我做主
（正向拜访循环）

主场优势

案例：主场优势

我一直在拜访一个客户，希望他能接受我们的一个合作方案。但是，一直进展不顺利，特别是在一些细节上，总是无法达成共识。于是，只好求助于领导。

领导给出的建议居然不是围绕方案内容和谈判的方式，而是给出了一个奇怪的建议：先不要谈方案，能不能先请客户来我们公司参观一下。理由么，就算是加强彼此的了解吧。

相对于合作谈判来说，这个内容并不算是难题，经过几次拜访，客户终于来到了我们公司参观。当然，参观之后，自然会谈到合作的事情。而且，让我惊喜的是，居然谈成了。

让我不解的是，领导和客户谈判的内容、方式并没有超过我的预期，甚至有些方式还不如我的操作。可是，为什么就可以谈成呢？

当我把这个疑问告诉领导的时候，他的答案居然是：这就是主场的优势！

我们经常会在各种比赛中意识到这个"主场的优势"，特别是经常看的足球比赛。甚至在规则中明确限制了这样的优势：如果双方的比分一样，谁在客场进的球多，就算是谁胜利。在篮球比赛中，为了能争得决赛时多一个主场，双方都会拼尽全力。

同样，一些非常重要的比赛，往往会选择第三方的场地进行，就是希望保证比赛的公平啊。

那么，在拜访的过程中，这样的优势也很明显么？

是的！

因为是在自己的熟悉的环境中，也就保证了心态、状态的稳定，这样就可以获得更好的发挥。

反之，当我们处在不熟悉的环境中，也就需要在面对具体事务的同时，还要调整自己的心态和状态，自然会影响自己的发挥。

在比赛的时候，这样的区别自然会对结果产生影响。在我们拜访的时候，这样的区别当然也会对拜访结果产生影响。

可是……

销售人员，特别是推广型销售人员，所面对的几乎永远是：

对方的主场！

恐慌的来源

永远是对方的主场，这对运动员是什么样的考验，我不知道。但是，对于销售人员来说，则需要一颗强大的内心。

可是，再强大的内心，也必然需要冲破一次次的考验。有很多时候，还需要一些特殊的经历来迫使自己的内心强大起来。

有一个驾驶学校的教练跟我说：学车的人必须要经历几个关键的过程，而且如果没有这样的经历就不能算是真正的好司机。一个是第一次独立上路；第二是经历一次交通事故。

当一个新司机可以独立上路，那么，对道路的恐惧感将大大降低，也就可以保证之后的驾驶更有胆量，也就意味着有一定的能力去独立面对所有的可能性。

至于经历一次事故，就有点奇怪了。

教练说：当然，没有人希望出事故，也会一直很小心的避免，但是，这是一个经历，何况，新手一般也不会有什么大事故，主要是一些擦碰而已，不过，经过这样的过程，特别是当汽车碰撞的时候，正是一次心理的完善，使司机可以意识到事故的恐惧，也可以使司机消除过度的紧张。此外，经过事故，司机就会对相关的流程真正地了解，也就算是积累了经验。

只有经历了，而且顺利度过了这样的经历，这个司机的内心才符合了一个好司机的基础要求。

虽然，这样的观点有点奇特，不过，仔细想一想，还是很有道理的。

作为销售人员，第一次面对拜访的时候，往往不在于你准备得怎么样，而是在于你的勇气；同时，只有经历过拜访的挫折，才能知道自己的不足，也才能知道如何改善。

案例：竞聘的理由

因为工作的需要，我们需要招聘一个负责销售工作培训的人员。

在众多应聘的人员中，很多人都有着非常丰富的培训经历，而且具备了各种知识、技能、证书。

在最后一次面试中，我们要求所有应聘人员做出一个陈述，重点讲解自己可以担任这个工作的理由，而且特别邀请了销售人员作为最终评判。

很多优秀的人员都表现得很出色，直到小 P 发表了观点之后，我们才意识到他才是我们需要的，因为他的理由被所有销售人员接受了。

"……最后，除了我刚才所陈述的个人优势以外，我最大的特点就是理解销售人员，因为我也曾经是做销售工作的。"

"我知道每个销售人员内心的感受，我也曾经努力克服自己对拜访的恐惧，我也经历过拜访的失败。虽然我没有继续去做销售，而是开始做培训工作，就是希望通过另外一种帮助，让每个销售人员具备更强大的勇气，去面对每一个困难……"

后来，每当有学员或者朋友去从事这方面的工作，我都会把小 P 的陈述内容告诉他们，因为，那样的表达才是最真诚的。

经验的积累

可是，真正能做到，却非常不容易。

永远是客场比赛，而且必须胜利。

案例：再来 20 次就知道答案了

在一次给销售人员进行关于拜访的培训课上，有一个销售人员问了一个问题：

"一个客户是这样的……我已经拜访了很多次，可是还不能取得进展，请问老师有什么好的建议么?"

我还没有准备回答，他的领导就首先说话了:

"这种问题有什么好问的，一次不行两次，两次不行三次，当你碰壁 20 次，就找到答案了。"

先不说这个答案是否正确，相信很多销售人员都曾经听过这样的答案吧。至少，我的销售经历中，听到的就不少，而且，当我是销售管理者的时候，也经常给我的下属类似的答案。

那么，这个答案是一个什么样的答案呢?

可以说，是一个正确的答案。因为销售工作的确是一个经验性质非常高的工作，如果没有足够的经验，确实很难说真的可以解决问题。这就像前面所说的好司机一样。

当然，这也是一个痛苦的答案。因为坚持碰壁 20 次，所需要的勇气和心理素质要求非常高，真的不是一般人可以做到的。如果是我，碰壁四五次，恐怕就真的要考虑放弃了。

同时，我也可以说，这是一个非常笨的答案。因为如果一个好的销售人员都是需要经验来积累的话，那么新人可能就永远没有机会成熟了，老人也就永远是最棒的。但是这和实际并不符合，很多工作年限不长的销售人员却拥有了非常强大的能力。

笔记:

在销售行业中，从来不计较起点，只在乎速度;

而更快的速度，在于选择了正确的方向，或者是正确的方法。

一大步还是一小步

从这个章节的开始到现在，都是在做铺垫。

因为我非常希望大家理解我的期望。我希望大家更快的成熟，更快摆脱"门口的恐慌"和"客场的恐惧"。更快，是的，一定要更快。

于是，我想到了两件与"速度"有关的事情，一件就是关于这个小标题的事。另一件则是一个我经常会讲到的事情。

"这是我的一小步，却是人类的一大步！"非常经典的话，是阿姆斯特朗在登上月球时说的第一句话。

仔细思考这里面的道理，却让人意识到一个问题：没有这样的一小步，何来人类的一大步呢？

又有多少人，仅仅是比其他人跨出了关键性的一小步，却让别人无论如何都无法超越。

因此，我经常会阐述我的观点：不要总是沉溺于努力和勤奋，也要停下来调整一下方向，或者是学习一些方法。

是的，很多人是"沉溺"于努力和勤奋。认为只要努力就一定有结果，只要勤奋就一定能成功。这是必需的，但是不要"沉溺"其中。

的确，努力是必要的，但是如果方向错了，努力就意味着退步；的确，勤奋是必需的，但是如果方法落后，只会和别人差距更大。

案例：自己的感慨

在我做销售管理工作的时候，总会遇到分析数据的工作。这一直是我比较头疼的事情。因为，每次都要花很多的时间，还要消耗大量的"脑细胞"。

记得一次，经过非常复杂的数据分析之后，我把自己的成果在工作会上进行了展示，还把自己怎么做的进行了说明。至少，在我讲的时候，我是很想炫耀的。这么难的过程可不是谁都可以做到的。但是……

当会议结束，我的财务过来跟我说：领导，其实没有必要那么复杂，只要你在表格上做几个操作就可以了。

"啊？！你怎么不早说呢？"这是我当时的感慨。

每当提到这个事情，我都会告诉他们我的感受。

> 笔记：
> 你所需要的仅仅是一小步而已。
> 否则，你就无法拥有一大步，只能是原地踏步，甚至被甩得很远。

正向拜访循环

是的，我们就是要谈这个内容。总算触及主题了。

正如之前所说的，这个拜访循环是无数销售人员总结的，也是很多研究者总结的。我们完全可以借鉴其中的精髓，使自己每天面对拜访的痛苦时，可以找到正确方向和答案。

同时，这也是我们的销售工作迈出的一小步，这样，我们就可以看到一个全新的拜访。如果你理解得足够深入，应用得足够熟练，拜访将成为我们走向更好前景的一大步。

> 笔记：
> 正向拜访循环就是指由销售人员发起的针对客户（工作对象），并主动争取销售工作成果的拜访过程模式。

我有时候会想到一个问题：到底是销售经验塑造了拜访循环呢，还是拜访循环塑造了销售方式。

因为拜访循环是基于销售经验的总结，同时，当它形成稳定模式之后，又决定了销售工作的方式。或者，恰恰是这样的不断往复，才使得拜访循环更加有价值。

当然了，关于拜访循环的论述，已经在前面讲了很多了。

现在，就让我们一起来看看这个"千呼万唤始出来"的拜访循环，到底是什么样子的。

笔记：
正向拜访循环结构图

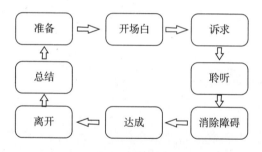

正向拜访循环结构图

可能很多销售人员对这个循环有点熟悉，至少是不陌生的。这是很正常的。因为关于这个循环的研究是很多的，相关的培训也很多。

不过，这还是与大家看到的不一样。经过我超过 20 年的实践和研究，重新整理了不同版本的拜访循环，而且还完成了拜访循环的分类和定义，并进行了更丰富的解释。所以，这个循环结构图，是地道的原创。

不过，拜访循环基本的原理是一样的。

它把销售工作中"由销售人员主动发起"的拜访过程进行了"模式化"

分解。

也就是说，只要是销售人员主动发起的拜访，都会存在这样的过程模式。同时，根据定义我们知道，如果按照这样的拜访进行，才能实现"主动争取预期结果"。

那么，大家想一想，自己一直所做的拜访是不是这样的呢？或者说，是否考虑过如何争取预期结果呢？

"哪有这么复杂啊！这个循环把拜访复杂化了。"

这是我在培训时经常听到的，而且也是我第一次学习拜访循环时提到的观点。

事实上，这个模式化所表现的是一个完整的拜访过程。此外，也表现了完整的思考过程。或者说，只要按照这样的循环去思考，去争取实现，才有可能真正发挥拜访的作用。

真的是这样的么？

案例：你说这一套东西是什么？

同学聚会的时候，有个同学抱怨现在的销售工作很不好做，最近就有一个客户就很难搞，连续的拜访都毫无进展。

于是，我就问：你上次的拜访是怎么做的啊？我可以帮你参谋一下啊。同学说：你不行，这个行业你不懂啊！我跟他说：是不懂，但是我懂拜访啊。不妨试一试。

同学疑惑地点了点头。

我问：你的拜访目的是什么呢？做了什么准备呢？

"目的？我想想……啊！是……"

（注意，以下问题的答案，几乎全是这样的方式。就不再重复罗列了。）

我问：你的开场白是怎么做的呢？

我问：你的诉求是怎么表达的呢？

我问：……

最后，我说：你的拜访肯定是没有效果的，因为，你的每个环节几乎都有缺陷。

终于，在恍然大悟之后。同学问我：你说的这一套东西是什么？这么厉害。

我说：这是正向拜访循环的内容。

"拜访循环？还是正向。那么，还有反向的么？"

我说：还有逆向和互动。

"老同学啊，太好了。你什么时间有空啊？"

……

是的，然后就是我不得不给他的所有销售人员去讲一讲拜访循环的内容。此外，他们公司还有售后和店面，于是，另外两个循环也全部奉送了。

全程非常仔细听完全部内容，也参与了全部训练的老同学，十分感慨。他跟我说：

"听明白容易，但是懂很难；懂容易，但是吃透很难；吃透容易，做到很难；做到容易，创新很难。"

我也大吃一惊！拜托，你理解得很深啊。

"不过今天，至少我的兄弟们听明白了，以后会争取弄懂，然后争取吃透，再然后争取做到，当然，还要创新啊。"

那么，我们现在就先来把这个正向拜访循环说明白吧。下一个章节内容将学习怎么弄懂。当然，在本书的后面，还有专门让大家争取吃透的内容。至于更高的水平，可能就不是一本书可以说清楚的了。就需要大家的智慧和实践了。

第一个环节是什么？

准备！

准备好就成功了一大半

谁都知道准备是很重要的，在拜访中也是一样的。不过，到底该怎么准备，该准备什么呢？在我们思考这个问题的同时，先来看看两个有意思的案例，或者就会有点启发了。

案例：回不来的拜访

小 B（这是另外的小 B）准备去拜访客户了。我当然需要问一问他准备的情况了。

我问：你这次拜访的目的是什么？

小 B 答：准备开发这个客户！

我问：那你计划去几天啊？

小 B 答：几天？什么意思啊？

我说：按照拜访的原理看，只有达到了预期的效果才算是拜访结束。今天，你见的客户是新的，而且你计划开发这个客户。那么这个拜访用一天肯定不行了。而且，估计客户也要考虑把被子搬到办公室了，否则，这个拜访怎么结束呢？

小 B：……

案例：超级沉重的行李

助手第一次和我出差的时候，当我看到她庞大的行李箱，就很吃惊了。只是两三天的时间，怎么准备了这么多东西呢？

"领导啊，你看，我准备的都是经过仔细考虑的，这是药，这是雨伞，这是防蚊的，这是止痒的，这是方便面，这是水，这是……"

"拜托，我的姑娘啊！我们是出差呢，还是准备去西天取经呢?"

"领导，有备无患啊，万一呢?"

也许大家会笑，但是，我们何尝不是这样呢?

笔记：

准备是指为了实现既定的拜访目的和成果以及目的和成果实现过程的控制，而进行的思考、建设、资源筹备的过程。

笔记：

拜访准备工作主要包括以下方面的内容：

目的成果设定、合理性分析、过程预演、资源建设、危机预期。

以上这两条内容有两个非常重要的概念需要特别明确一下。

一个是拜访目的。所谓拜访目的，就是指为什么要拜访。这一定是和销售工作有关的，也是为销售工作和销售业绩而做的。有时是一个大目的，有时是一个大目的分解成小目的。这是决定拜访必要性而存在的。

另一个是拜访成果。所谓拜访成果，就是通过拜访需要得到什么。拜访结束了，我们可以得到什么? 或者是结果，或者是任务，或者是……而且，这个成果和目的是相关的。而且，这个成果是确实可以得到的，也是需要有充分证据证明得到的。

当然，目的是一定存在的，但是成果不一定能得到。这是比较容易了解的。

只要有了拜访目的和拜访成果，准备的内容也就被界定在一个范围内了。

　　笔记：

　　合理性分析是对目的和成果通过拜访获得的可行性分析；

　　过程预演是拜访所有过程的模拟思考或演练；

　　资源建设是指根据拜访目的和成果做好各种物质准备，包括时间、空间、人员、物品等；

　　危机预期是指对拜访过程中可能出现的危机进行的必要应对考虑。

案例：确实可以轻松一些

小 X 是做设备销售的，从他刚刚进入到这个行业开始，就面临一个比较麻烦的事情，就是每次去拜访客户需要带什么东西。因为他所销售的设备非常特殊，涉及的资料、证明文件都非常多，而且还有一些必需的零件样品。每次他都要提着一个大包出门。即便如此，还经常会出现忘带某些东西导致拜访效果不好的情况。

可是，他想不通的是，那些有经验的销售人员每次拜访客户所带的东西是非常少的，至少从外观看，就是一个小包而已。如果是女同事，甚至就是平时出门的小包包。他总在想：他们的拜访怎么够用呢？

他非常真诚地去向这些"前辈"征求经验，希望能调整自己的工作现状，至少是减轻每天的负重。

这些"前辈"们给出的建议主要就是几条：

第一条建议是：所有的准备都是为拜访目的而做的。

第二条建议是：正向拜访是销售人员主导的，而不是客户主导的。

第三条建议是：不要奢望一次拜访就达到所有的目的。

这样的建议对于小 X 来说是非常针对的，那么，他应该怎么调整呢？

以这个案例作为这个内容的总结，应该算是把"准备"环节讲得比较明确了。

不过其中涉及了一个新内容，就是"主导"，这个内容在下一章节会讲到的。因为案例几乎是真实的，所以只好全部列出来。也算是一个伏笔吧。

开场白有什么用

"某某，您好。我是某某公司的某某。非常高兴见到您。我想占用您几分钟的时间，来介绍一下我们的新产品，好不好呢？"

很熟悉吧。

这的确是开场白，而且曾经是很多培训资料中比较标准的方式。

然后呢？很多销售人员都会告诉我：没有用的！

对了，真的没有用。

我一直奇怪，怎么可能存在一种标准的内容来用在销售中呢？而且，这样的培训到现在还有人在用。例如如果遇到了冷漠，你要这么说；如果遇到了拒绝，你要这么说……

到底是这样的培训师不懂销售呢？还是完全不知道开场白是什么？

我发现，凡是还在按照这样的思路培训的人，几乎都是以多年以前，一些外企的培训资料作为参照的。

要知道，销售是在变的，客户也在变。那些培训内容大多来自国外的经验和理论，不能再适应中国的现实了。

这种教条的方式，要么无用，要么耽误人啊。

事实上，根据我的研究成果看，原来所认为的开场白应该分解成两个环节，分别是开场白和诉求。

一来，开场白有特殊的作用，这是不能忽视的。但是，应该明确具体的作用，如果把两个概念集中实现，会弱化开场白的价值，而且，也会导致诉求的失败。

二来，在实际的拜访过程中，这两个内容是有明确区分的，思考重点和思考方式都完全不一样，应该进行分解。这样才能让销售人员更清楚如何把控不同的过程。

笔记：
开场白是指建立拜访条件的过程，使拜访合理启动的互动过程。

每次提到开场白的时候，总有一些人认为不是很重要的。不就是开始说句话么？说的客气些，说的有礼貌些就可以了。完全没有必要太在意。

从这样的定义中，就可以了解到开场白的重要性，而且也知道了开场白是干什么的。应该说，没有开场白，就没有后面的拜访！

因为正向拜访是由销售人员发动的，这就说明客户是被动的。

那么，问题来了。凭什么客户要接受你的拜访？凭什么客户要耽误几分钟？凭什么……

实际的情况是什么样子的呢？

很多时候，当我们的开场白说完了，拜访就结束了……

开场白很重要，因为是让拜访合理启动的过程！注意，我省略了一个词"互动"，因为这是下一个章节讲的内容，好的开场白是要考虑互动的。

那么，开场白应该怎么做呢？什么样的开场白才是对的呢？其实，我们必须先纠正几个误区。这样，我们就知道答案了。

案例：他确实做了开场白

在一次拜访培训课上，安排了演练内容。每个学员都会拿到一个拜访任务，也会明确拜访的基本背景和情况。

其中一个学员做得最好。他要拜访的是一个很熟悉的客户，目的和成果也是很清晰的。

当他完成拜访之后，在大家点评的时候，很多学员都提到一个问题：他的拜访过程中没有开场白。这是演练要求所不允许的，因为演练的目的就是需要把各个环节都展示出来。

还没有等这个学员解释，作为他的拜访演练对象，我就先明确了一个内容：他的开场白是做了的，因为在我们面对面的时候，他使用了特殊的微笑！

是的，这是一个误区：开场白一定是要说话？

第二个误区：开场白就要把自己拜访的目的表达出来？

第三个误区：开场白是一个很短的过程？

关于第二个误区，已经说过了，这是和诉求混淆的问题。

那么，开场白不应该是很短的过程么？不一定！

案例：开场白是一个过程

小 C 准备拜访一家药店的店长，希望能了解自己的药品销售的情况。本来他考虑给店长带一份早餐作为开场白的引子，因为他知道药店开门早，一般店长都很难马上吃早餐。

可是当他来到药店，正好药店正在上货，店员们正在货架上摆药品。他马上意识到这也是一个好机会，于是马上开始帮助大家一起摆药。好在小 C 也是学药的，也一直了解药店的陈列要求，很快就帮大家搞好了。

等到店长忙完了，小 C 才拿出早餐给店长，可惜早餐有点凉了，可是店长还是很高兴的，一边吃着早餐，一边和小 C 聊天，也利用这个空闲，小 C 详细了解了自己的药品的销售情况。而且，小 C 还获得了药店人员的普遍好评，为今后的工作带来很多帮助。

你觉得小 C 的开场白包括了哪些内容呢？

在正向拜访的过程中，需要很长时间来做开场白是比较少见的。不过，也确实在我的研究过程中发现一些行业需要一个漫长的开场白设计。

例如金融产品、保险产品等，为能真正建立一次拜访，销售人员所做的开场白准备几乎是超长的。

当然，如果把开场白理解成一句话，或者是一个短暂的过程，肯定是更加错误的。

而且，如果客户不能很好地投入到你的拜访场景中，你的拜访也将很难得到预期的成果。何况，有很多时候客户是很不情愿的。

这样，你还认为开场白不重要么？

如果是其他类型的销售，像回应型销售和柜台型销售，开场白就更加复杂了。

案例：我是第八个

小 W 来到采购经理的办公室门口，对于门口那么多拜访的人，早就习惯了。不过，透过办公室的玻璃，看到采购经理疲倦的表情，他就知道这些忙碌的人估计都不会取得什么结果了。

于是，他也意识到，他的拜访也可能因为采购经理的状态而失效。所以，他决定调整一下拜访的开场白，至少要争取一个良好的开始。

轮到他进办公室的时候，当他站到采购经理面前说：

"今天真的是个好日子，我是第八个进来的，是不是很幸运啊！"

采购经理终于露出了久违的微笑。

如果是我，也会笑了，而且是会心的微笑。
然后，我们该做什么了呢？

诉求的变迁过程

笔记：
诉求是指销售人员表达拜访意愿、目的、内容的过程。

从字面上看，诉求就是告诉对方我来做什么。这是非常容易理解的。既然来了，总要告诉别人自己来干什么，为什么来找对方。这是正常的过程。

可是，就是这样看来非常正常的过程，却蕴涵了非常多的智慧。

每次谈到诉求的内容，我总会问学员：一共有多少种诉求的方式？

其实，这样的问题并不好回答，因为我们需要在自己的大脑里思索各种情况的诉求。

我会设计四种场景，然后让大家来演练，在这四种场景中，你的诉求有什么区别。

第一种场景是在商场的售后服务，你要退货，你怎么说呢？

第二种场景是在银行的柜台前，你准备买一个理财产品，你怎么说呢？

第三种场景是给你的妈妈打电话，你需要向父母要点银子，你怎么说呢？

第四种场景是你准备告诉一个女孩子，你喜欢她，你会怎么说呢？

其实，这就已经反映出我们对诉求的理解，只是从来没有考虑过这是诉求，也没有考虑过不同的方式所体现的原理。

> 笔记：
>
> 诉求的主要方式有四种：铺垫式、直白式、转移式、含蓄式。
>
> 铺垫式多用于默认对方并不支持的情况，通过情况和背景的铺垫，再表达自己的诉求；
>
> 直白式多用于默认对方会支持的情况，通过直白的方式来表达自己的诉求；
>
> 转移式多用于默认不适合陈述的情况，通过其他不相关内容，寻找适当的机会表达诉求；
>
> 含蓄式多用于默认不能直接陈述的情况，通过其他相关的内容，侧面传递自己的诉求。

有点意思吧。

其实，在我们的内心总是存在着这样的区别，也会不自觉地采用不同的方式。因此，我总说：拜访是与人打交道，就是要了解人的特点。不可能通过一些教条的方式来处理与人的交往。

在我们拜访客户的时候，总会遇到类似的四种情况，于是，我们的诉求也就有了不同的方式。也应该有不同的方式。

在四种方式中，只有直白式的诉求表达是可以和开场白组合到一起的。其他的方式都不适合。所以，我们就理解了，为什么原来把开场白和诉求结合到一起的方式是有不足的。

而且，很多时候，我们发现，更多的情况是不适合直白方式。

案例：你来做什么？

对于小 D 来说，摊上这样的客户算是自己比较倒霉的事情了。因为这个 X 经理是这个行业的专家，也有非常丰富的经验。最主要的原因是，任何销售人员给他介绍产品的时候，都会被问到哑口无言。

小 D 虽然是这个专业的大学毕业，可是，无论自己相关的知识能力还是行业内的经验都还差得很远，更不要说去给 X 经理推荐自己的产品了，虽然从他的角度看，自己的产品确实非常符合 X 经理的公司需要，可是怎么面对这个"家伙"呢。上一次的拜访就是在 X 经理的各种问题中惨败而归的。

今天，当他再次来到 X 经理的办公室，坐在他的对面时，还是把自己的产品资料拿了出来，不过，他说的话可不是原来的那样了：

"X 经理，您好，今天我不是来推荐我的产品的。上次拜访您之后，我发现您所提到的问题都很有针对性，我自己也去好好地研究和学习了，不过，还是有一些地方不是很清楚。所以，今天我来拜访您是想向您请教的……"

我们不必去考虑随后的情况，那么，小 D 真的不是来推荐产品的么？

有很多时候，对于这样的诉求，到底应该算是转移式还是含蓄式呢？确实有点难区分。不过，我们可以从这个案例中找到一些启发吧。

不过，需要特别强调的是一个大家可能忽略的词"默认"。对了，所有方式的前提是根据自己的"默认"。如果默认的结论和别人不同，可能方式就不同了。

一般情况下，我们更尊重的是普遍的默认观点。而且，作为培训师，我经常根据销售人员的诉求方式，就大约能了解这个销售人员对产品的理解程度和对产品的信心程度。

当然，也不排除一些特殊的情况，例如特殊的销售人员和特殊的客户。因为，就是有一些销售人员非常"愣头青"，而有一些客户确实不喜欢"拐弯抹角"和"吞吞吐吐"。

诉求的差异将带来的是随后双方交流方式的主旋律。这是非常必要的。

无论客户怎么理解你的真实想法，诉求都会被接受和认可，而且客户也就可以按照这样的诉求来应对你的拜访了。

当然，无论你的诉求是什么样子，都不要忘记自己的拜访目的和成果。最终是要实现拜访成果的。这就需要一些能力了。

不过，必须要注意的，也是很多销售人员特别容易犯的错误。

第一个注意是：既然已经选择一种诉求，就一定要在这样的诉求下展开随后的拜访，千万不要随意地改变方式。这将会导致客户非常不舒服。

第二个注意是：不要把转移或者铺垫做得太长，这会让客户长时间无法明确拜访的主旋律，也会带来客户非常不舒服，甚至无法忍受。

这两点经常出现在失败的拜访中。

案例：客户的抱怨

我经常从客户那里听到他们对销售人员的意见。例如有客户告诉我，销售人员说了一大堆，都不知道来干什么的。又如有客户告诉我，销售人员嘴上说来和他聊天，结果全是产品介绍，他真的以为客户是傻子么。

看来，大家要好好地总结一下自己的诉求方式了。

聆听要听什么

一旦有了一个诉求的方式，随后就是和客户的交流过程了。

但是，千万不要忘记了自己的拜访目的和拜访成果，也要争取在这样的交流中得到自己的东西。

当然，到底该怎么得到自己需要的成果，是需要根据现实的情况来定。于是，销售人员最特殊的本事就体现出来了。

就是察言观色！

我觉得"察言观色"非常好地描述了聆听的主旨。

> 笔记：
> 聆听是指接收客户（拜访对象）的应对及反馈信息的互动过程。

在所有的环节中，只有这个环节是最难讲解的。当然，这个环节对一个拜访结果的影响也是最大的。我们在分析很多拜访案例的时候，都会发现这个环节的水平是拜访的关键。

而且，这个环节的掌握，往往需要销售人员不断地积累，也需要一些社会经验，从训练的角度看，很难形成更快速的方式。何况，其中还包括与客户进行互动的过程。

不过，有些案例还是为我们提供了一些启发，很值得大家借鉴。

首先，一些销售管理者或者培训者通过"拜访复述"的方式来提升销售人员这方面的能力。也就是在拜访结束以后，让销售人员把拜访的全过程进行复述，而且要非常的仔细，甚至包括客户的表情和动作，还有其他环境的变化。当然也包括销售人员是怎么应对的，怎么反应的。

这的确是一个很好的方法。至少可以让销售人员关注到所有的细节。也就可以通过细节的描述情况以及销售人员的应对情况，来进行指导。

在我个人的成长中，这样的方式是我经常面对的。后来，当我成为管理者和培训师的时候，也会经常用这样的方式来培养销售人员。确实可以加快销售人员的成长。

其次，为了让销售人员理解在明确诉求的情况下，如何引导客户，如何获得预期的结果。这是一个可以在平时进行训练的方式。

也就是先确定一个诉求，然后根据拜访成果的要求，让销售人员考虑如何表达，如何做才能非常合理，非常自然地引导客户发表一些意见，也可以是一些其他的成果。这样，就可以让销售人员强化诉求与聆听的关系，也可以让销售人员锻炼如何在不同的诉求中，保持不变的拜访目的和拜访成果的实现目标。

最后，就是通过陪同拜访的方式来锻炼销售人员这方面的能力。一种是陪同销售人员去拜访，然后对其中的细节进行指导。这就和之前的"拜访复述"很相似。还有一种方式，就是让销售人员陪着管理者或者优秀的销售人员去拜访，然后，让他来分析其中的要点，特别是聆听环节的要点。

这样的方式非常有意义，可以让销售人员先学会模仿，然后，在复制的过程中找到适合自己的方式。

虽然从拜访循环的角度看，这只是一个环节，但是，从拜访的整体效果看，聆听是贯穿拜访全过程的内容。因此，必须强化这方面的训练。

否则，"你怎么死的，都不知道。"

障碍是怎么被消除的

只要是销售，就一定有障碍，否则销售人员就没有存在的必要了；

只要是拜访，就一定有障碍，否则拜访也就没有必要去做了！

所以，有障碍，并通过我们的工作来消除障碍，这是销售工作最主要的工作内容。

这是常态，没有必要担心和害怕。

而且，优秀的销售人员会告诉你：最可怕的不是有障碍，没有障碍更可怕。

当然，消除障碍这个环节和聆听是非常相似的，都是在交流的过程中进行的，确实很难找到具体的区分。不过，确实在拜访的过程中，客观存在这样的环节。因此，消除障碍也是需要一些经验来保证的。

所以，也会存在一种困难，就是很难找到只和这个环节相关的案例。

但是，消除障碍和聆听也有一些区别。最主要的一点是，消除障碍是可以提前做一些准备的，但是聆听就不容易准备了，因为就算是很熟悉的客户，也很难说这次拜访他将会说什么、做什么、有什么反应。

那么，我们就来考虑一下，应该如何做好"消除障碍"的准备，也就能真切地了解到：这些障碍是怎么被消除的。

当然，首先要看看我对"消除障碍"环节的定义。

一定要关注定义。等看完了定义，先自己思考一下，这样才能理解随后的内容。

笔记：

消除障碍是指为了实现拜访成果和目的所进行的强化和

保证的过程。

果然是好定义！哈，自吹自擂吧。

可是，这个定义到底是什么意思呢？好像看不大懂啊。

第一个关键内容是消除障碍的目的是什么？是为了实现拜访目的和拜访成果。这就为消除各种障碍提供了方向和标准，也就是说，只有为了拜访目的和成果的实现才是消除障碍的关键，也要按照这样的思路来考虑。

第二个关键内容是关于障碍的种类，一种是与拜访成果和目的强化的障碍，另一种是保证拜访成果和拜访目的实现的障碍。

其中强化类型的障碍主要是指客观存在的障碍。因为我们的目的和成果不可能直接获得，总是需要一些条件，而把这些条件实现的过程就是强化工作。

其中保证类型的障碍主要是指围绕拜访进程的障碍。因为客户不可能轻而易举地配合或接受我们的拜访内容。这些障碍的消除过程，就是保证工作。

有点难懂吧？

简单地说，就是解决两个关键问题。

一个问题是：你的拜访成果和目的怎么样才能实现。这其中的障碍就是需要强化的；

另一个问题是：客户怎么才能接受或者配合呢。这其中的障碍就是需要保证的。

确实有点难理解，不过有个案例可以让大家把这两种障碍分清楚，也知道要点是什么？

案例：拜访前的汇报格式

在一家销售公司里有一个固定的"拜访前汇报格式"。

第一部分内容是：拜访的目的和成果是什么。

第二部分内容是：拜访成果怎么样才能实现。

第三部分内容是：拜访过程中可能出现的问题，该怎么应对。

这是很多销售人员都需要思考的内容，其实，就是把两种障碍罗列出来。

当然，其中的强化部分，是可以提前准备的，也会做好相应的演练。而对于需要保证的障碍，虽然可以做一些准备，但是，具体的要到拜访过程中才能知道。

于是，一边交流，一边聆听，一边消除障碍，这样的过程将会构成拜访的主要内容，也是拜访中最长的时间。

真的达成了么

拜访是一个交流的过程，肯定不是沟通的过程，这在之前的内容中已经讲过了。

可是，什么时候才能终止这个过程呢？

第一种情况是我们已经实现了自己的拜访目的，已经获得了预期的拜访成果，这个时候就可以终止这个过程了。可惜的是，很多销售人员总会萌生贪心的想法，在这样的情况下，总是想再多得到一些。这是危险的。这个问题会在下一章节提到。

第二种情况是拜访无法继续下去了。要么是客户不能持续了，例如紧急的事情或者是无法接受销售人员的拜访。要么是销售人员不能继续了，例如出现了冷场或者是无法消除障碍。关于这些情况，也会在下一章节介绍。

当然，我们最希望的是第一种情况，尽量避免第二种情况。

在这里将重点讲第一种情况。

第一种情况另外的名字就是：达成。

笔记：

达成是指拜访目的或拜访成果的获得及实现的过程。

说到达成，就一定涉及一个问题：达成什么？或者说什么被达成了？

在这个定义里又会提到之前多次提到的：拜访目的和拜访成果。虽然，这样的概念反复说，可是，还是有很多人不习惯按照这样的概念来思考拜访。

那么，我们来看看下面这个案例，估计就会更清楚一些了。

案例：拜访前的交流

A 是销售人员，R 是我，Y 是我们即将开发的新客户。

A：我准备去开发客户 Y，所以明天我计划拜访他。

R：你准备怎么开发这个客户呢？

A：首先是要让客户了解产品的特点和优势，然后再争取合作的具体事项……

R：那你明天的拜访目的是什么？

A：通过拜访让客户了解我们产品的特点和优势，不过估计要通过几次拜访才能达到。

R：那你明天的拜访成果是什么？

A：第一是建立我和客户的联系，争取能让他对我有个良好印象；第二是给客户介绍我们产品的特点和优势，争取能让客户提出一些问题。因为 Y 的工作比较忙，这样的成果还是有难度的。不过如果一次不行，再争取下次拜访。

R：你的达成标准是什么呢？

A：第一是见到客户，第二是能拿到客户的联系方式，至少是办公室的电话，第三是能全面地完成产品特点和优势介绍，第四是争取能让客户问一些问题。

R：你认为的障碍有哪些呢？

A：成果的障碍主要是客户是否愿意给我联系方式，这需要特别考虑；保证的障碍主要是客户是否愿意接受我的拜访，还有，能不能给出足够的时间让我讲完产品。这些障碍，我都需要提前做好准备。

R：具体的考虑是什么样的呢？

A：……

如果我也拿这样的问题来问销售人员，你会如何回答呢？

是否理解了拜访目的、拜访成果、达成标准的含义了？

达成的所有标准都实现了，也就真正可以终止拜访了。当然，有很多时候，可能没有全部得到，要么在条件允许的情况下争取，要么就只好考虑下次拜访了。

不过，必须清楚的是，达成的方式并不一定是一个可以通过标准来明确的。因为，有的拜访成果不是一个标准，而是一个过程。那么，就要考虑其他的方式了。

例如你希望客户帮你完成一次备货，或者是需要客户完成一个操作，或者是需要客户执行一项工作等等。这时，就不再是一个标准或者一个条件实现的问题，而是一个过程实现了。

如果是这样的拜访目的或者成果，就需要销售人员提前做好准备，特别是执行过程的控制以及必要条件的准备。

当然，如何实现这样的结果，需要考虑的条件和标准，也是和之前的内容一样的。

案例：你会怎么考虑呢？

这不算是一个案例，反而是一个小思考题，销售人员们不妨考虑一下。通过这个思考题的解答，大家会对达成的概念有比较深的了解。

我经常会在路边见到一些人在征集路人的意见、建议、调研等等。

这样的过程就是一个以执行一件事为拜访成果的拜访过程。

那么，如果是你来做这件事，为了能让你拜访的路人配合你，需要什么条件和标准呢？

事实上，不仅我曾经安排销售人员做过这样的训练，连我自己也去尝试过，感觉这样的方式对我们理解拜访很有帮助。

离开不是结束

即使我在这里告诉大家，离开和开场白一样，之所以不被大家重视，是因为我们对这个环节的理解还不够。我仍然相信，很多销售人员还是会对这个环节不会太重视。

很多销售人员总会表达一种观点：离开和开场白都只是对礼貌有要求，对拜访本身并没有太大的意义。尤其是离开环节，都已经完成拜访了，都要离开了，还能有什么复杂的呢？

我们可以问问自己，是否存在这样的想法么？

我再问一个问题，你在离开的时候都会做什么呢？

案例：不是都说好了么？

小 W 兴高采烈地回到办公室，就马上跟我说："领导，我已经和商业公司的经理谈妥了，就按照我们的价格，进货 5 件，明天就可以送过去了。"

这真的让我大吃一惊啊！看来这个小家伙还是不错的，为了这个事情，不仅准备了很多内容，还积极地拜访客户，居然把事情谈下来了。我也蛮高兴的。

不过，按照以往的习惯，我还是让小 W 把拜访的过程跟我复述一遍。

当然，这个过程是让小 W 很开心的，非常细致地向我介绍了整个过程，而且还把自己的机智的思考、如何巧妙回应客户的刁难这两个"亮点"仔细地讲了。

等他说完，我跟他说："我有点吃不准了。我的意思是明天就送一件货到商业公司吧。"

"为什么？不是都谈好了么？"

"其实，我觉得你没有谈好，因为，你在离开的时候少做了几件事。"

"可是，不是已经很清楚了么？"

最终，在我的坚持下，小 W 只带了一件货去商业公司。结果，商业公司的采购并没有收到经理的通知，当与其确认的时候，也没有得到关于价格和数量的认可。

小 W 非常沮丧地回来后，就一直在自言自语：不是都说好了么？

我不确定大家是否会有和小 W 相似的经历，但是，在我们的拜访经历中，一定会出现一样的拜访成果被反复实现的情况。尤其是一些看上去并不是很重要的成果，但是，却对随后的一些拜访会有帮助。

"明明上次拜访时已经取得了一些成果，怎么这次拜访都消失了呢？"

"明明上次拜访时大家的交流很融洽，怎么这次又要重新建立关系呢？"

"当我再次拜访的时候，真的不确定，上次讲的东西，他还记得么？"

……

是不是有一些熟悉呢？

可能，大家会认为我会告诉大家该怎么办，或者是教大家怎么保持自己的成果，或者是怎么让客户想起以前的事情……事实上，我做不到。否则，我就成了神仙了。

但是，我可以告诉大家，如果我们可以做好拜访的每个环节，特别是给予"离开"足够的重视，将使我们减少这样的情况。如果我们能充分掌握这个环节，还可以取得一些意外的收获。

> 笔记：
> 离开是指结束拜访并脱离拜访空间的过程。

从这样的定义，大家就会发现：离开是由两项工作组成的。也就是说，只有真正把这两件事情做完了，才算是真的离开。

> 笔记：
> 结束拜访的内容包括：锁定结果和约定拜访。
> 脱离拜访的内容包括：符合礼节和有限强化。

什么是结束？不是说终止了就是结束了。任何事情的结束都是需要一个过程的。

就像我们去和朋友吃饭，当饭局结束的时候，会发生什么呢？仔细想想，是不是吃饱了，聊够了，就可以散了么？当然不是，肯定要有一个人说几句话的，要么是请客的人，要么是客人，要么是其他什么人。反正会有个人说些什么，然后大家才开始散场啊。

那么，拜访是不是也需要这样呢？

或者有人说，我们都说了啊。而且，说得也不错啊。

不要忘了，我们是在拜访，是来实现预期成果的，那些不咸不淡的表达对拜访有什么用呢？

首先要锁定结果，就是对今天拜访内容做个简单的总结。当然，要把要点，至少是你认为的要点说一遍。这是一种了解拜访效果很好的方式。哪怕是遭遇客户的反对：我可没有这么说啊。你可不要误解啊。我还没有同意呢……

没关系，至少你要知道到底得到了什么吧。

其次，就是要约定拜访。因为还有下一次，下下次，下下下次呢。不着急，但是，这是需要约定的，不仅包括时间和空间的约定，也包括将会拜访的重点内容。这都算是为未来做的一个铺垫吧。

最后，才是要符合礼节地离开了。当然，这里的"符合礼节"一定是符合双方的礼节，也是双方可以接受的礼节。如果是新客户，可能这个内容就要做得仔细一些了。例如握手、鞠躬、倒着退出去、轻轻关门等等。如果是很熟悉的客户了，自然就要按照熟悉的方式离开了。

这样的过程才算是一个比较好的离开啊。

如果那个小W能做个总结，估计客户就会提出反对意见了，可能就不会出现这样的尴尬了。

等等，有一个没有讲呢：有限强化！

当然了。

案例：失误得分！

我陪销售人员去拜访客户，当他结束拜访以后，我们也离开了客户的单位。

这时，我的这个小兵啊，突然发现自己的手机忘在客户的办公室了。

然后，就飞快地跑回去了。

当他回来的时候，我没有生气，而是笑着说：你这就是失误得分啊！

他听完我的意见之后，想了一会，恍然大悟。

我是喜欢打球的。所以总会遇到"失误得分"的情况。

所谓失误，就是已经失去了机会。可是，那个球却鬼使神差地过网了，而且由于超出对手的预期，居然得分了。

那么，我的销售人员恰恰通过一个"失误"却掌握了有限强化的概念。

我相信，这样的一个过程，一定是可以强化客户对整个拜访的认知程度的。

不过，要特别注意的是：不要过分，而是有限。如果你总是忘东西，这个过程的效果就要出问题了。

当然，离开环节还有其他的作用，这是下个章节要讲的。

但是，至少大家不会再认为这是个没有意义的环节吧！

无总结，无后续

如果我们拜访的客户只是拜访一次；

如果我们的销售业绩中只需要拜访一次；

如果只有这一次拜访是最关键的；

如果是这样，当然不需要总结了，因为不需要考虑以后了。

不可能。我们还要去面对这个客户，我们还要去拜访更多的客户，我们还希望自己有更好的进步。所以，就必须做好每次拜访的总结。

拜访已经结束。无论是成功或是失败，都已经不能改变了。但是，其中的经验和教训将会影响随后的拜访。

　　笔记：
　　下次拜访是从总结开始的。

很有道理吧。

因此，所有正规的销售工作管理，都会把拜访总结作为销售人员管理的重要内容，也是提升销售人员拜访能力的重要手段。

　　笔记：
　　总结是指对拜访目的和成果的总结，以及对拜访过程进行反思、记录、计划的过程。

这是对总结环节的定义，其实也明确了拜访总结的内容和要求。

因为对于总结的要求是与实际工作相关的，所以，很难找出什么值得大家借鉴的案例。但是，这绝对不是说这个环节不重要，反而是非常重要的。

一个不善于总结的人，总是不可能更好进步的！

循环是死的，人是活的

案例：

小E的心情是不错的，为了他的产品在一个大商场上架，他已经努力了好几个星期了，各种合作的细节都已经谈妥，甚至连货都备好了，今天就是和经理谈落实的事情了。

从前一天开始，小E就做好功课，各种资料，各种文件，还有可能的各种问题，都仔细地考虑周全。当然，拜访的每个环节也都经过了仔细的演练。

其实，他都和经理谈了很久了，这次只是一个程序上的事情，应该是一个执行性质的拜访成果。小E没有什么担心的。

可是，当小E来到经理的办公室门口时，正看到经理急匆匆地出来，他看到小E之后马上告诉小E，总公司有一个会议要开，而且是去其他的城市，他要马上搭飞机赶过去。当时，小E就蒙了，等回过神以后，发现经理已经坐车离开了。

结果，等到经理回来，已经是几天之后的事了，虽然一切还是比较顺利的，产品也正常上架了，但是，还是耽误了几天。这是美中不足的事。

在我讲解拜访循环的过程中，总是会有一种担心：教条主义。

拜访循环是一种思维方式，是一种训练方式，但是，绝对不是唯一的执行方式，必须根据实际的情况来进行变通。

这就像是我们去学武术一样。

你学会了各种招式，但是，并意味着你可以在比赛中获胜。因为对手并不一定按照招式来和你比赛。如果是打架，那就更加没有套路了。

小E的拜访是准备了，思考方式和设计都做好了。可是，客户却没有按照规律"出牌"，当然也就扰乱了小E的所有准备。

那该怎么办呢？

循环是死的，人却是活的。

　　笔记：
　　拜访循环的变通主要有以下几种形式：
　　简约：拜访环节的简单处理。
　　深化：拜访环节的程度加深或过程延长。
　　跨越：拜访环节的省略。
　　反复：拜访环节或拜访循环的反复进行。

简约的意思是，如果条件允许，有些环节是可以简单处理的。例如客户非常熟悉了，开场白就没有必要太复杂的设计；如果拜访的内容是大家约好的，诉求也没有必要非要选择其他的内容。

深化的意思是，对于比较重要的环节，如果第一次没有处理好，完全可以更深入地进行，以确保这个环节的预期的效果。例如没有听清楚客户的意思，可以重新诉求，重新聆听；没有实现达成的所有条件，而客户也能接受继续拜访，就有可能继续围绕达成进行。

跨越的意思是，考虑的一些特殊的情况，几乎可以省略一些环节。当然，前提条件是其他的环节所需要的结果已经存在。例如时间紧迫，可以直接在达成上进行交流。

反复的意思是指针对多个拜访目的和成果，或者是比较复杂的拜访成果时，可能需要多次反复一个环节或多个环节的反复。例如拜访客户的时候，既需要介绍产品，还要邀请客户参观公司。

当然，只要你理解了拜访，理解了拜访循环的内涵。还可以衍生出更多的变通方式。

只是说明白了，不一定懂

关于拜访循环的内容，已经介绍完了。是的，仅仅是说明白了，是不是懂呢？

不过，这个内容是基本功，是必须掌握的知识。至于其他的应用和拓展，都是建立在对基本功的掌握上。

随后，我们就要开始一起领略，这个正向拜访循环的更多内涵。

第四章
我想要的，还要更多

（正向拜访循环）

问对问题比找答案还重要

爱因斯坦说：不要试图解决问题，原有思想水平产生的问题，是不可能用原有思想水平解决的，否则，这个问题根本不会出现。

我不知道大家怎么理解这句话的含义。但是，对我的触动和启发是很大的。

在我还没有开始研究拜访循环以及相关理论的时候，每当和销售人员谈到拜访的时候，总会面临一些非常棘手的难题。

例如怎么做拜访才有效，怎么和客户良好的沟通，怎么能提高拜访的效率……

可是，我们在讨论的过程中，总是很难取得实质性的结果，因为总有各种观点同时存在，也会有很多不同的经验来干扰讨论结果。总之，在这样的背景中讨论的内容是不可能有什么意义的。

因为，我们是在"原有思想水平中"讨论问题，如果能在这样的情况下解决问题，这些问题根本就不会出现。

如今，如果我们讨论关于拜访的问题，就不再有这样的忧虑了。因为，我们已经有了拜访循环。所有的答案都将是围绕这个内容展开。

而且，伴随着问题的发现和解决，我们对拜访循环的理解更深入，也更有可能真正让那些问题不再出现了。

案例：再问一遍

一个从事销售工作的新人来向我请教关于销售的问题。

"到底应该怎么做销售呢?"

"这个问题的答案是十几本专业的书，我不能回答。"

"那我怎么才能把客户关系搞好呢?"

"那是需要几年的经验积累的，我也不能回答。"

"那……"

"你的问题问错了，所以需要你再问一遍。"

"嗯……我该怎么拜访呢?"

"再问一遍。"

"嗯……我该怎么准备拜访呢?"

"好了，现在我们可以开始谈了。"

……

大家是否理解了这个案例的含义呢?

如果我们不是站在同一个思想水平中，就没有办法谈问题，更不要说答案了。

所以，我说：问对问题比找答案还重要!

你想要的在哪里

我要明确的是，现在大家看到的拜访循环并不是一个稳定的东西。虽然过去的十多年，它几乎没有改变过。但是，在未来的时间中，随着更多销售情况的出现，更多销售模式的出现，很有可能它会发生变化。

不过，正如我们之前所提到的"模式化"的概念。如果没有这样的模式化成果，我们就没有办法去研究，也没有办法获得有价值的成果。

所以，在没有出现更先进的模式化成果之前，我们应该尽量在现有的模式中寻找答案。

何况，到现在仍然有很多人还在按照一种非常松散的方式来理解拜访。

笔记：

所有的答案都在问题本身。

关于拜访问题的答案，都在拜访循环中存在。

每当我遇到关于拜访的问题，我都会围绕拜访循环的思路来帮助他们找答案，而不是告诉他们答案，因为，所有的答案都在拜访中。只要你能正确地使用拜访循环这个工具，就可以找到你想要的。

关于这样的想法，在之前的内容中已经通过案例展示了。

当然，因为我们每个人对拜访循环的理解是有差异的。所以，如果希望通过拜访循环来解决更多的问题，就需要对拜访循环的理解更加深入。

也就是之前所提到的：从明白到懂，从懂到吃透，从吃透到做到，从做到再到创新。

得失成败的肩膀

我们很幸运。

已经有很多的销售人员以他们无数的得失成败的经验，以及无数研究者得失成败的努力，形成了拜访循环。

同时，又有很多的销售人员通过他们的得失成败为拜访循环的完善提供了大量的依据。

这一切都为我们更好地理解拜访循环，更好地利用拜访循环提供了丰富的验证。

所以，销售工作一定是一个传承的过程，也会越来越好。

随后，我将告诉大家很多内容，都是通过这样的过程才形成的。

当然，也希望更多的销售人员通过他们的工作来丰富这些内容。

我们站在别人的肩膀上前进，也将成为别人的肩膀。

为什么要去拜访

当我们准备要去拜访客户了。首要的问题就是拜访的动机是什么。

也就是说：我们为什么要选择拜访手段，为什么不是用别的手段。

此外，我们希望通过拜访得到什么？

关于这个内容，我们已经在上一章节中提到了。不过，在我们更深入研究拜访循环的时候，还是要仔细地思考这个问题。

因为这个问题直接关系到拜访的所有准备和实施过程。

笔记：

从销售工作的角度看，拜访目的和拜访成果都是销售工作成果的一部分；

从拜访的角度看，拜访目的是拜访的动机，拜访成果是满足动机的结果。

是的，我们希望获得销售业绩，而销售业绩是通过我们的销售工作来得到的。我们的销售工作包括了八种销售手段。

我们通过组合并运用这些销售手段，使得我们在获得销售业绩的过程中争取到最大的"成功概率"。

而拜访这个销售手段是我们使用频率最高的。

但是，并不是唯一的。之所以我们选择拜访，就是因为我们希望通过拜访更快获得一些成果。

所以，拜访目的和拜访成果的设定是核心的思考内容。

笔记：

没有明确拜访目的和拜访成果的拜访，只能是漫无目的地消耗资源。

关于拜访目的和拜访成果，我们已经谈过了，还用案例进行了阐述。

在这里我们要谈的是另外一种目的和成果。

案例：从自我安慰到不虚此行

当小 Q 拜访回来，走进办公室的时候，我就知道他的拜访肯定是失败了。

不过，小 Q 的拜访汇报却非常积极。

"领导，虽然这次拜访没有取得预期的成果，可是，我没有白去啊。"

"是吗？你怎么没有白去啊？"

"至少，我见到了客户，我知道他的办公室在哪里了，我知道了客户的脾气，客户也知道有我这样的销售人员来找过他了，当然，最大的成果就是我去了，这比什么都重要啊。"

"说得好。可是在你拜访之前，怎么没有这样的目的和成果设定呢？"

"这也算是拜访目的和成果么？"

"当然，如果没有这样的设定，你所说的仅仅是自我安慰。如果你这样设定了，那就是不虚此行。"

"可是，我客观上是得到了这样的成果啊？"

"没有成果设定，就没有拜访细节的考虑，得到是运气，得不到是正常。"

先不要说这个案例的内容，就单是这样的交流，是不是经常出现在我们的工作汇报中啊？其实，我刚开始，也经常用这样的方式来向我的领导汇报。

当我研究了拜访，我才知道，那仅仅是自我安慰而已。

确实存在一些拜访目的和拜访成果是以比较"虚"的状态存在的，例如刚刚小 Q 意外所得的内容。此外，像建立一个良好印象、获得一些拜访之外的信息、了解销售工作的环境等，都属于比较"虚"的内容，甚至有一些拜访成果和目的，和拜访本身几乎没有什么关系。

这些都是合理的。也是我们需要考虑到的。

但是，如果我们仅仅依靠一种"自我安慰"方式来表达这样的成果，就非常危险了。因为，没有事先的设计和考虑，一方面拜访过程会被这些内容干扰，另一方面这些成果的获得也将非常随意。

案例：一件衣服的作用

有一次，我要陪我的领导去拜访一个专家客户。

因为天气太热，我决定只穿衬衣带上领带，就不想穿外套了。我想，这样的话，可以显得自己是一个比较干练的下属。

当我见到领导时，发现他是穿着外套的。于是，他就问我："你为什么这么穿啊?"

当我把理由说完以后。领导说："你能想到是对的，但是，我们这样的穿法，到底是我陪你去呢？还是你陪我去呢?"

然后，领导就把他的外套给我穿上。好在我们身形是相当的。

在路上，领导笑着说："你的这个想法不错，但是，我是这次拜访的主角，所以，还是让我显得干练一些吧。"

的确，好的拜访不仅仅是拜访内容和拜访过程中我们获得的成果，还有其他方面的成果。这样才能构成一个完整的拜访。

因此，我们才会提到拜访的礼仪和其他的内容。而这些内容不能是独立存在的，每一个细节都是为了拜访的目的和成果。否则，那就仅仅是"自我安慰"了。

当然，只要是有设计和考虑的，也完全可以不必太在意所谓的礼节，有很多时候，一些巧妙的考虑，可以起到特殊的效果。

但是，我是无法接受那些教条形式的方式，根本不知道为了什么去做。

于是，就要列出几道难题了。大家可以仔细想想，这和前面的一个案例有点相似。

如果你想让客户在拜访的时候认为你很勤奋、努力、诚信、时尚……你会怎么设计拜访呢？

如果你想让客户了解到你的一些特长，例如打球、下棋、看书……你会怎么设计拜访中的内容呢？

当然，这些内容都是建立在销售目的的，也是为了拜访目的服务的。为了让客户喜欢你，这样的努力还是必要的。

可是，并不容易吧。

开场白改变结果

我是一个对开场白非常重视的人。

"行家一出手，就知有没有。"不只是我从一个销售人员或者销售研究的角度会发现这样的情况，一些非常优秀的客户也会产生这样的想法。

"有很多时候，我只是看到销售人员怎么进来，怎么说，怎么做，就大约知道这个销售人员的水平了，甚至可能就知道他的级别了。"这句话，真的就是我的一个客户告诉我的。

所以，我总是会特别强调"开场白"。如果这个环节做得好，就会为后面的拜访创造良好的氛围，否则，可能就需要更多的控制和有水平的交流，才能争取到预期的结果。

当然，具备更好的控制能力和交流能力的销售人员，大都非常重视开场白的设计。

> 笔记：
> 开场白设计的更多方式：
> 借助物品：例如礼物、报纸、早餐、饮料等等；
> 借助行为：例如茶水、帮助、整理环境等等；
> 借助亲近：例如老乡、同学等等；
> 借助信息：例如新闻、事件、时尚等等；
> 借助表达：例如称呼、礼貌、尊重等等；
> 借助矛盾：例如制造特殊的情况等等。
> ……

其实，还有很多方式，这是无穷无尽的。

只要我们懂得，并坚持开场白的原理，剩下的就是自己的想法了。

案例：你是不是故意的呢？

M老师是行业的专家，所以，来拜访他的人是很多的。

他也曾经是我的客户，现在也是我的好朋友。我曾经请他给我的销售人员去讲课，重点是站在客户的角度来指导销售人员的拜访。

每次他都会提到一个很有意思的案例。

有一次，有个企业的销售人员来拜访他，是一个小美女，穿着规范。这对M老师来说并没有特别的关注，按照以往的惯例，他会很客气地接待她，然后就结束拜访。

可是，当这个美女快走到M老师的办公桌前的时候，突然被绊了一下，一个跟头就摔在地上了。这一下，办公室就慌乱了，M老师和他的助手赶快去扶起她，还让助手仔细看看有没有伤到。好在没有伤到，只是磕青了胳膊。

当这个美女再坐到M老师的办公桌前，把产品资料递给M老师的时候。当M老师看到产品资料上的公司标志。居然是这么说的。

"原来你是某某公司的，那么，你的领导是容某某吧。"

"啊，您认识我的领导啊！"

"既然是他的兵，那么，刚才那一个跟头，你是不是故意的呢？"

"嗯……"

"没有关系，我觉得这是一个很好的开场白啊！就是要注意安全啊。"

大家可能会忍不住要笑了。但是，这是真实的情况。

当然，我可不希望每个人都去摔跟头，到时受了伤，可不要怪到我的头上。

这是一个极端的案例，算是一个"传奇故事"，但是却对开场白的诠释非常到位。

再想想开场白的定义。

"开场白是指建立拜访条件的过程，使拜访合理启动的互动过程。"

这样，大家就会真正理解开场白的原理了。

有很多时候，好的开场白直接决定了拜访的结果。

走得太远，就回不来了

这个标题是围绕"诉求"环节的。

我们可以先看一个案例，就会发现这样的情况经常会出现在我们的拜访中。

案例：怎么都回不来了！

小 Z 准备去拜访一个客户，这个客户是比较熟悉的，合作得也很不错。目前，公司推出了新产品，小 Z 很想给客户介绍一下新产品，也很想了解一下客户对这个产品的建议。

相关的准备都是比较充分的。特别是"诉求"的问题。小 Z 考虑客户可能对新产品有一些抵触，会错误地认为他是来推广这个产品的。因此，小 Z 决定通过调整诉求，在聊其他事情的时候，逐渐地引导客户发表对产品的建议。他的诉求内容选择了客户非常感兴趣的电视剧作为突破。

拜访的全过程大约是 30 分钟，当小 Z 离开客户的办公室的时候，是非常沮丧的。

我问了小 Z 的具体情况之后，觉得这个诉求还是可以的。那么，到底出了什么问题呢？

"我们整整聊了 30 分钟的电视剧，她也很有兴趣，可是，我一直希望能谈谈产品的事。就是没有机会谈啊。也许是因为谈得太投机了，我怎么都回不来了。如果我不是选择了一些方法终止拜访，估计可以聊上一个钟头。但是，我的拜访成果，真的一点也没实现啊！"

案例：职业病

"你觉得这个餐厅怎么样啊？""装修不错，蛮有档次的。"

"其实，这就是表面的。关键还是服务和菜的味道。这就像我们买产品一样。不能只看表面的内容，必须看产品的质量，而且不要受表面的干扰。就像我们公司一样，把所有的精力都放到了产品质量上。这是非常重要的……啊，上菜了，快尝尝吧。"

"味道怎么样？""不错，反正比家里的好吃。"

"家里的菜没有那么多添加啊。所以，不能总是在外边吃饭。你知道我们行业内的产品，从效果上看，非常相似，其实，使用什么样的辅料就很有讲究了。就像是菜一样，同样是油，植物油和动物油肯定是不一样的安全性啊。哎，可惜啊，好多人并不了解这些。"

"我说老同学啊，我们是来聚会的。你是不是希望我买你们的产品啊。"

"哈，职业病，习惯了。快吃吧。"

两个案例，大家会有什么感想呢？

> 笔记：
> 诉求的设计必须考虑到拜访内容的控制。
> 诉求的内容与拜访内容差距越大，越需要进程的控制能力。

虽然，我在之前的内容提到过诉求的特点。但是，在使用的时候，还是要根据自己的实际能力来选择。

其实，我更建议新人选择更直接的方式为好。可能效果不是很好，但是，至少可以保证拜访进程的控制。

如果一定选择与拜访内容差距比较大的诉求，就一定要仔细考虑具体的控制方式了。

否则，真的会走得很远，回不来了。

我们见到很多类似的拜访：谈得不错，但是几乎没有成果。

"勾引" 和 "弦外音"

以前曾经有个娱乐节目，非常有意思。

节目要求参加的明星通过打电话的方式，在对方不了解情况下，通过交流让对方能说出特定的话。例如我爱你、我喜欢什么、我愿意怎么样等等。

在这样的过程中，打电话的明星既不能说这是录节目，也不能说为什么，就只能通过聊天来争取实现这样的目的。

相对来说，与其性质相似的节目就是猜词了。关于猜词，大家见得多了，而且也玩得多了，就不需要详细介绍了。

怎么能实现，就真的不是一个简单的过程，是需要一些水平的。

从游戏的角度看，这对于销售人员来说，并不算是特别的难题，尤其是优秀的销售人员，更是很容易做到。

因为我们每天在拜访的时候，在聆听这个环节，所做的要比这样的要求还难。不仅是一句话，还会是一个观点，一个意见。而且，最糟糕的情况不是对方不知道，而是在对方可能抵触的情况下来实现。

但是，这个游戏的内容，确实很好地反映了"聆听"环节的要点。

当然，聆听的环节不仅仅是"勾引"的事情，还有会听"弦外音"的事情。

案例：到底是什么意思呢？

有一天，一个销售人员拜访回来以后，就专门找我：领导，是不是我们的产品最近质量不是很稳定啊？

我很奇怪地问：你怎么会有这样的疑问呢？

他告诉我：今天我去拜访了好几个客户，都反映了这样的情况，都说到我们的产品效果不如以前好了。

当我把他的拜访复述做完以后，我很明确地告诉他：不是产品的问题，而是你工作的问题。我建议你要做好自己的售后服务的工作，而且应该加大拜访的频率了。

他很疑惑地问：为什么？

为什么？是啊，我怎么得到了这样的结论呢？

我曾经在一次培训课上，布置了一个小调研：如果你是客户，当销售人员有以下问题的情况下，除了直接表达以外，你会怎么表达呢？

第一种情况是：销售人员已经很久没有来拜访了，售后服务做得不到位。

第二种情况是：由于销量的增长，希望销售人员调整产品的政策。

第三种情况是：竞争产品正在做他的工作，他希望销售人员能够重视这件事情。

第四种情况是：销售人员好久没有组织一些活动了。

……

我问大家：这些情况下，客户将如何表达自己的意见呢？

你也可以想想。也从自己的拜访经历中找一找这样的情况，客户是怎么表达的。

你会发现一个很有意思的结果：这些情况下，客户表达的方式都非常相似。

"你们的产品最近卖得不是很好。"

"你们的产品效果大不如以前了。"

"你们的产品不如某某产品的效果好。"

……大约都是类似的表达。

于是，你来告诉领导：客户说我们的产品……

所以我一直说，聆听真的很难教大家，确实需要一些经验的积累。

不过，告诉大家这两个词，可能可以帮助大家更好地做好这个环节。

"无法消除的障碍"

作为销售人员总会遇到一些非常棘手的问题，那就是"无法消除的障碍"。我也经常会收到如何消除这些障碍的问题。

"我们不需要这个产品。"

"你的这个产品，我们已经有了，不需要换了。"

"你的价格太高了，如果再降点价，我们可以考虑。"

……这些就是明确的拒绝了。不过还有更让人折磨的障碍。

"我们还要再考虑一下。"

"你把资料留下吧，等我们需要的时候和你联系。"

"这个事情我定不了，还要和领导商量。"

"要么你先去找某某吧。"

……这就不是拒绝，而是推诿了。

当然，有的时候，就是更激烈的障碍了，例如直接赶出去。

虽然这样的情况很少见，但是，仍然是客观存在的"无法消除的障碍"。

那么，面对这样的障碍，我们该怎么办呢？或者说，我们该怎么考虑这个问题呢？

估计很多销售人员看到这里，都会眼前一亮。

难道有什么好办法来解决这些难题么？

很遗憾，真的没有什么办法可以解决这些难题。何况，如果能有什么办法，这个办法还能有什么效果么？只能是一些传奇故事而已。

但是，作为销售拜访中所存在的这些障碍，确实是我非常重视的内容，也是非常仔细地研究过。

所以，有一些想法可以与大家共享，或者，我们就可以知道应该如何应对这些"无法消除的障碍"了。

> 笔记：
>
> 针对"无法消除的障碍"的解决，必须思考三个问题：
>
> 第一个问题是：为什么会出现这样的障碍？
>
> 第二个问题是：这个障碍对于销售工作的影响有多大？
>
> 第三个问题是：这样的障碍应该怎么面对？

是啊。为什么会出现这样的障碍呢？

每当我听到这样的障碍，我都会和销售人员进行交流，去分析出现这样的障碍的背景情况。当然，我自己也遭遇过很多这样的情况，也需要仔细分析其中的原因。

我发现，在这些障碍中，一种情况是出现在拜访的开始阶段，往往在开场白或者诉求的时候。对于这时出现的障碍，主要体现的是客户的抵触情绪。一般和销售人员的关系并不大。但是，可以作为一个情况来指导随后的拜访准备。

另一种情况是出现在拜访的过程中。而这种情况的根源则主要是因为销售人员的两方面错误：拜访准备问题和错误的判断。

还记得之前的案例么？一个销售人员的拜访目的是开发客户，我建议他最好带上被子，因为按照拜访的原理，不达目的拜访不能结束。这也是造成"无法消除的障碍"的重要根源。

第一次或者才拜访几次，就已经谈合作了。怎么可能不遭遇这样的障碍。客户都不了解产品，也不了解你，就能接受合作么？难道客户是你的"亲爸"么？

在这样的拜访准备基础上，出现这样的障碍是最常见的。

除了这样的情况以外，就是当销售人员形成了错误的判断，也会制造这些障碍。而出现错误的判断，主要原因就是"一厢情愿"。

自认为自己的表达和观点是足够的，而没有站在客户的角度去分析，客户可能根本没有接受你的观点，甚至都没有听懂或者听清楚。

在这样的情况下，如果急切地将拜访引入达成的阶段，肯定是会遭遇"无法消除的障碍"的。

一句话：所有无法消除的障碍，几乎都是销售人员自己制造的。

至于第二个问题，往往需要销售人员非常清晰的分析能力了。

案例：和销售业绩无关的障碍

问：领导，这个客户已经明确告诉我们，如果毛利空间不达到××，是不能合作的。而我们的政策确实不能满足，这是无法解决的障碍，是否考虑放弃啊？

我：在和他们合作的所有产品中，是不是都满足了这样的要求呢？

问：那倒不是，经过我的调研，应该有一小半产品是不符合这样的要求的。

我：那么，他们是如何获得这样的合作机会呢？

问：我了解了，主要是售后服务和灵活的销售方式，还有就是对质量的要求。

我：也就是说，如果我们在其他三个方面努力做好，并让客户接受的话，政策问题并不再是问题了。

问：可是，客户确实在提这个问题啊。

我：那是必然的。如果没有这个障碍，那不是任何产品都已经引进了。所以，理解客户的障碍，然后按照我们的策略来拜访。

看明白了么？

如果你是客户，也会制造一些障碍，否则，随便什么产品都能合作，那么这个客户对我们也就没有什么价值了。是不是呢？

关键是我们在推动什么。

最后，我们要思考第三个问题：我们应该如何面对这样障碍。

我的态度是清楚的。一旦在拜访中出现了"无法消除的障碍"，就已经很清楚地告诉你一个信号：拜访该结束了！

是的，该结束了。无论是什么样的原因，都是结束的信号了。除非……

除非你已经做了必要的准备，也有清醒的判断。否则，千万不要再纠缠了。任何的挽救都是在强化客户的不满。

马上把拜访带到"离开"环节是最好的选择，然后好好总结，争取下次拜访吧。

贪心是一个陷阱

与"无法消除的障碍"形成鲜明对比的是"超预期的结果"。不过，相对来说，很多销售人员会更喜欢后者。而且有很多销售人员的内心也总是这么想的。

是啊，如果拜访的时候，可以得到超过预期的结果，那该多么高兴啊。

按照这样的想法，好像没有必要去谈这样的事情了，应该到一边偷着乐就可以了。

事实上呢？

有多少人真正关注过然后的情况呢？

如果我告诉大家，几乎每次超预期的情况都同时带来了很多问题，甚至造成更多的麻烦，你还愿意心安理得地接受这样的好事情么？

案例：上趟厕所解救了我

这个案例仍然是非常真实的事情。我的所有案例几乎都是真实的。

小 L 已经拜访这个采购经理很多次了。今天来拜访的任务是介绍公司的售后服务支持的，这也是她按照拜访目的设计的内容。再有一两次拜访，就可以谈合作的细节了。

让小 L 意外的是，经过她的介绍，采购经理对这样的支持是非常满意的。而且表示对她的工作非常认可。所以，突然提出来，干脆现在就把合作定下来吧。这让小 L 非常的高兴，马上从包里拿出了一份空白合同。估计她也早就希望能提前实现吧。

正当客户在看合同的时候，她突然想去厕所，就和客户请了一个小假，马上去厕所了。估计是有点激动吧。

在厕所里，她给领导打了电话，告诉他这个好消息。但是，领导并不是很高兴，而是特别嘱咐她要冷静对待，要把公司的政策再仔细看一遍，特别是关于货款的要求。

这让她马上想到关于拜访的培训。于是，在厕所里，她拿出之前关于合同签订的一些具体要求。然后在厕所里完成了拜访的准备工作。

正是因为她的这个不经意的过程，使她对于合同的签订有了比较清晰的思考。当她再面对客户的时候，已经非常平静了。在合同的确认中，非常冷静地对待每个细节，特别是对货款的内容没有因为激动而让步。

当她拿着签订好的合同离开的时候，并不是喜悦，而是后怕。如果不是在厕所里对合同细节进行再次的准备，而是凭着热情，估计很多细节都会疏忽，到时可能会造成的损失是很可怕的。

我说得非常轻松，好像并没有什么惊心动魄的内容。因为有些细节涉及具体的行业，不可能写得太清楚。事实上，她的领导跟我说这件事时，还心存后怕。因为这个经理确实不是故意的，而是一个比较感性的人。但是，也确实曾经有其他企业和这个经理在签订合同时出现了疏漏，导致最后出现货款纠纷，甚至完全失去了以后的合作机会。

我们并不是说客户有什么问题，而是说，很多时候，当我们遇到超预期的结果时，总是会很激动，于是，就会忽略一些细节的事情。或者是做出错误的决定，甚至很容易造成意外。

说个题外话，其实也是有关的。

很多学校在放假的时候，都会告诉家长，最好在放假后的头几天，不要安排孩子出去玩，特别是自己出去玩。为什么？

因为当假期来临的时候，孩子是很兴奋的，而这时很容易形成错误的判断，甚至会导致行为的异常。

大家想一想，每次有学生出现溺水或者交通意外的时候，往往都是考试结束的头几天。越是重要的考试之后，情绪越激动，也越容易出现意外。

> 笔记：
>
> 对于超预期的成果最好的选择就是选择暂时脱离拜访，然后按照新拜访做准备。
>
> 如果确实无法保证完成必要的准备，可以通过锁定结果，再争取下次拜访。

小 L 恰恰通过暂时脱离拜访，按照新的拜访做了准备，所以才能让随后的拜访过程比较顺利，避免了不必要的风险。

如果真的没有时间或没有条件来做准备，那宁可暂时放弃，可以通过锁定成果的方式，争取再次拜访时来实现。

不要害怕失去机会，如果那不是你能控制的机会，或者等一等才是明智的选择。

贪心是一个陷阱。不仅仅是针对自己。

更多的时候，会伤害到你的客户，甚至你的销售工作。

"不得已"该怎么办

在我做过的一个小范围调查中发现，销售人员的拜访工作中，大约会有三分之一的机会出现拜访突然终止的情况，如果考虑到拜访失败也算是突然终止的范畴，这样的比例就会更高一些。

也就是说，有一定比例的拜访都无法顺利地完成全部内容。那么，我们应该如何面对这样的情况呢？

在上一章节介绍正向拜访循环的内容中，我们已经介绍了离开环节的内容和要求。这是适合比较正常的拜访过程的。一般可以适用于大多数的拜访。

在这里我们要重点谈的是一些特殊情况。虽然说是特殊，但是，如果处理得不合适，可能造成的影响却是巨大的。

以下内容是本人针对这些特殊情况的建议。

> 笔记：
> 突然终止拜访的特殊情况包括：
> 拜访无法继续的情况，例如意外的事情和意外的人员对拜访的干扰；
> （锁定小成果，合理约定拜访，特别要注意约定的方式，注意客户的接受程度）
> 障碍无法消除的情况，例如障碍超出准备的范围，以及面对无法消除的障碍；
> （锁定已完成的成果，约定拜访及约定处理，一定会有回复）
> 拜访失败的情况，例如出现僵持、冷场、冲突、拒绝的现象。
> （降低负面影响，争取积极结果，能不浪费一次拜访就算是不错了）

我相信，大家从文字内容就可以了解不同情况的处理原则了。

但是，如何保证这样的结果却并不容易，这往往需要一些经验的积累，也可以通过一些特殊的训练。也就是模拟一些特殊的情况，形成一些固定的方法，至少可以比较轻松地面对。

在这里，是可以考虑借鉴一些"传奇故事"中的特殊手段，有的可以直接复制到自己的拜访工作中。

案例：我能做的只有这些了

当我自信满满地来到客户办公室，却面对客户的冷漠和无所谓。我知道，自己所有的准备和设计都没有意义了。虽然我已经讲完了所有内容，可是，必然要接受一个失败的结果了。

就在客户看着我，等待我说出离开的话时。我突然想到了一个可以争取一点积极成果的灵感。

"某某老师，我其实做了很多准备，但是现在看来都不符合您的要求，我想我会更好地准备，希望下次能让您认可我。"

"我看到外面还有很多销售人员要拜访您，估计您肯定会很忙。"

"这样吧，您就当我不存在，我就坐在这里 5 分钟，您正好可以喝点水，休息一下。"

"这是我能给您带来的一点小价值吧！"

然后，客户笑了。

他说："好吧，我休息，你也不用坐着，顺便再把你们的产品说一遍吧。就当我在听。"

我总是忘记不了，每次特殊拜访的经历，仔细想来，这些特殊的事情对于个人的进步非常有帮助。也许不是经验，但是教训也是财富。

说个题外话。

销售从来都不会很顺利的，都是充满障碍的。销售人员需要做的就是去消除所有的障碍，也需要面对所有的苦难和挑战。

但是，这就是销售，就是拜访。如果你害怕，就永远无法让自己克服所有的问题。但是，如果你对销售充满了信心，对自己的拜访充满了信心，就一定可以在任何情况下，找到新的机会和可能。

烂笔头的价值

我不知道有多少销售人员会去做拜访记录，又有多少人可以坚持下来。

在我的销售经历中，曾经被领导逼着坚持了大约 6 个月的时间。后来，直到我意识到这种方式的价值之后，又开始坚持做拜访记录，直到我脱离销售工作。

真正触动我的，是一个优秀销售人员给我展示的东西。

案例：我只能给你这样的帮助了

当我接手一个新市场的时候，真的感觉非常困难，压力也很大。我非常希望能尽快在市场中找到一个突破口。但是，这有多难，大家都是很清楚的。

这时，我想到一个老师。她是其他公司的销售人员，而且是顶级的销售人员。虽然她已经多年不再做销售了，可是，对她的评价仍然存在于这个市场。

当我找到她，寻求她的帮助时。她告诉我，由于很久没有再做销售了，也不是很了解市场情况了，肯定不可能帮到具体的事情。

不过，倒是有一样东西可能会帮到我。

于是，她从一个箱子里拿出了三个厚本子。她告诉我说：这是她在这个市场工作时的所有拜访记录，整整三年。

她跟我说：自己没有什么经验可传递，就是坚持记录，坚持利用记录而已。

我在她家里，用连续三天时间来阅读这些记录。她是不肯让我复印和带走的。

就从这些内容中，不仅看到了市场销售的各种信息和启发，更看到了一个优秀销售人员的成长过程。

最后，她告诉我，只要我能坚持拜访记录半年以上，就会找到所有的可能。

这个事情是我经常会告诉销售人员的。

至于大家能有什么心得，就是自己的事情了。

不过，拜访总结并且记录，的确是提升拜访能力的好方法。

> 笔记：
> 拜访总结和记录的内容：要点、效果、改善、计划。

这可能是很多销售人员都熟悉的记录内容。特别是一些管理严格的企业。

我想告诉大家的是，要尽量做记录，不要总是停留在嘴巴和脑子里。

老话说得好：好脑子不如烂笔头。

这个内容并不深奥，但是，却是我非常希望大家可以接受的。

一定要拉着走

之前的内容是围绕拜访循环的各个环节的理解和应用展开的。现在，我们需要整体地来对拜访循环进行一些了解。

虽然很多内容是需要做些介绍和讲解，但是，我还是选了两个比较重要的点。

一个是关于"主导"的内容。这是在之前的案例中提到的关键词。

另一个是关于其他形式的正向拜访循环的要点。

在我们介绍拜访循环的内容中就已经提到：一共有三种拜访循环。

正向拜访循环是由销售人员主动发起的拜访；

逆向拜访循环是由客户主动发起的拜访；

互动拜访循环是由销售人员和客户共同发起的拜访。

关于这三种拜访循环的模式，都是由本人通过研究建立的。特别是逆向拜访和互动拜访，更是由本人最早提出的概念。

三种拜访循环的最大区别就是发起拜访的人是不同的。

对于正向拜访来说，销售人员是拜访的发起人，是起到了主动的角色，而客户是被动的。这就意味着，正向拜访循环应该是由销售人员来引导拜访的进程，而不是由客户来引导。

但是，在实际的拜访案例中，这样的情况并不是很常见。很多销售人员并没有发挥主动的角色，没有引导拜访的进程，反而被客户牵着鼻子走。

因此，我们对于很多拜访失败或者拜访效果不好的案例进行的分析，总能发现这个严重的问题，也是很多问题的根源。

笔记：

拜访的主导原则主要体现在以下几点上：

主导进程：拜访进程的控制是由销售人员来实现的。

控制进度：每个环节的实现情况是由销售人员来控制的。

调节环境：拜访环境的建设和优化是由销售人员来调节的。

争取效果：拜访的效果是销售人员设定并努力争取获得的。

案例：发挥你的作用

T老师是行业的顶级专家，经过多次协商，利用了很多人脉关系，才争取到拜访他的机会。重点的内容就是希望他能为我们的新产品推广提供专家意见。

为了保证拜访的效果，我们对拜访的细节进行了非常充分的准备。特别是拜访进程的控制问题。因为我们知道这个专家是很善谈的，应该发挥主导作用。

我们特别安排了我的助手一些责任，要求她在什么情况下分别做什么，在什么情况下需要发挥引导作用。例如当出现冷场的时候该怎么做，当完成了一个拜访环节，她要怎么做来带动拜访进程。应该说是非常细致的。

在实际拜访中，这样的安排非常有效。助手根据我的眼神或者指示，在一些环节的过渡中发挥了作用。例如，当我的开场白结束以后，助手就及时做了一个专家的赞誉和对我的介绍。当我的诉求结束以后，她就会配合表达对这样诉求的热切程度。当我们了解到了客户一些重要观点以后，担心客户漫天展开，助手就会通过倒水、拿出小礼物的方式进行控制。甚至当我们准备离开了，也是助手通过一些表达来实现。

最后的效果非常好，不仅得到了我们预期的效果，而且，在客户送我们出去的时候（是的，当他送我们出去的时候，引起了很多人的意外，这是很罕见的。但是我个人认为是我们的控制，让他的善谈没有发挥出来而已。哈哈。），客户跟我说，这次拜访是他经历过的，最顺畅的一次，非常轻松、愉快、紧凑。

我不是说我们的水平有多么高，而是想告诉大家，主导拜访的过程是怎么做的。

如果是你一个人，也需要对拜访进程发挥主导的作用。尤其是面对一些很麻烦的情况。

在前面的笔记中提到了"环境调节"。不要指望我们的客户来消除冷场和尴尬的状况，那是我们的责任，我们应该来调节。这样才是我们的拜访。

我经常和销售人员表达一个观点：

不要抱怨我们的客户怎么不好，也不要去抱怨我们的客户怎么不配合。

这个拜访是你发起的，这个拜访就是你的，所有的问题也当然是你来解决。

拜访失败的责任人只有一个。就是销售人员自己！

一个乞丐伸手去要钱，人家不给，就骂人家没素质；人家给了，还怪人家没有尊重你。这也太没有道理了吧。

我们不可能去左右别人的观点和想法。但是，既然他是我们拜访的客户，就应该让客户得到一个顺畅的拜访过程吧。

一样的拜访，一样的原理

按照拜访的定义，我们要知道，除了直接面对客户的交流过程以外，还有其他的交流方式也算是拜访。而且，如果是销售人员发起的交流，也要按照正向拜访的原理来研究。特别是按照拜访循环的方式来考虑如何做好。

其他形式的正向拜访主要有三种情况：

有交流过程的拜访：例如电话、QQ、微信等；

无交流过程的拜访：例如短信、邮件等；

无定向对象的拜访：例如朋友圈、QQ空间等。

案例：这也算是拜访么？

之前小K在朋友圈发内容，领导让删除的案例，大家还记得么？

那么，在朋友圈发内容也算是拜访么？

案例：不就是个微信么

原来每到节假日的时候，大家总是会收到一些祝福的短信，现在主要是微信了。不过，对于这样的过程，很多销售人员都会觉得也就是个形式而已，都不是很重视。一般的情况就是简单写几句，或者直接把其他的内容复制过来，然后群发就好了。

小 Q 就是这么做的。

直到他学习了拜访课以及拜访循环的内容，他才意识到，这也是一种拜访，也是可以争取更多目的和成果的。

于是，他每次的信息都非常认真对待，对于一些特殊的客户，甚至会专门编写。而且，每次都会考虑这个内容的目的和成果是什么。

小 Q 的收获是非常大的，很多客户都给他做了回复，也对一些内容非常认同或者感动，甚至会在拜访的时候专门提到他的信息。

很多销售人员都希望获得一些"捷径"，可以获得更多的成果和业绩。但是，偏偏在我们做得最多的拜访上，没有投入足够的精力，特别是不珍惜每次与客户交流的机会。

事实上，有很多内容和表达并不适合说的，而更适合写出来。

那么，就需要我们充分利用其他形式的拜访来发挥作用。

同样，有很多负面的影响，可能通过文字造成的伤害比说出来更大。

那么，我们就需要谨慎对待这些交流方式的表达了。

笔记：

文字表达对应的阅读与口头表达对应的听到是有很大区别的。

案例：需要理解力的短信

某老师，明天我去见你。我们的产品最近卖得不好，我很着急。你是很支持我的。很感谢你啊。其实这个产品的卖点是很多的，我可以都跟你讲一下的。明天下午5点，你忙完工作以后我来。我知道你很忙的，就用几分钟的时间，好吧。我到的时候会给你发信息的。不打扰你的工作了。另外，今天挺热的，请多喝水，希望有好心情。

确实需要很好的理解力才能看懂这样的内容。

或者，大家认为其中的含义是很清楚的。但是，前提条件是说出来就好一些了。如果是写出来，让客户阅读，就有点吃力了。

这个信息有很多问题，大家可以自己找一找了。

记得在网上有一个笑话，就是一些聊天记录的截图，主要是很多打字错误的内容。可能很多人都看过。

例如把"见人"打成了"贱人"，把"出生"打成了"畜生"，把"下单"打成"下蛋"，把"货到付款"打成"活到付款"，把"实体店"打成"尸体店"……

虽然这是有点夸张，但是，如果是面对客户的交流，这样的错误或者是可以被理解的，但是，至少不会给客户留下什么好印象的。对于谈的内容，估计也会产生负面影响。

只要我们意识到这些交流方式也是拜访，也是要考虑拜访效果的，也是要争取拜访目的和拜访成果的实现，就一定会按照拜访循环的思路来认真对待了。

技巧挽救不了你的拜访

连续两个章节，围绕着正向拜访循环，完成了从介绍细节到基本理解的一些小观点。

到了这个下标题，也就算是一个小总结吧。

当然，关于拜访更深入的内容，将会在后面的章节专门介绍。

正向拜访循环是特别针对推广型销售人员的，因为这样的拜访在他们的销售工作中是高频率使用的。

不过，对于其他类型的销售人员，也会经常遇到，只是使用的频率没有那么高而已。

可是，如果我们把拜访的范畴再放大一些，超出销售的范围，就会发现，我们的日常生活中总会遇到类似的情况。一般也会符合拜访的原理，也需要我们按照正向拜访循环的思路去考虑。

因此，拜访可以是一个销售手段，也可以是生活的一个交流方式。

对拜访的学习，是可以给我们带来更多效益的。

可能大家对书中大量的案例是欢迎的。

但是，我却非常担心这些案例会造成一些恶果。我很担心销售人员会把案例的内容作为很多问题的答案来对待，就有可能会按照案例的内容来调整自己的拜访。

这是我不希望出现的。

因为案例是需要特殊条件来保证的，就像是技巧一样。

如果销售工作可以通过技巧来解决问题，那么销售也就失去了本来的面目。事实上，销售的变化是巨大的，即使是同样的客户，同样的内容，不同的拜访就已经发生改变了。如果我们坚持一些技巧，就一定会陷入"教条的泥淖"。

我的讲解，我的题外话内容，我的案例等这些，都是为了帮助大家理解基本的原理。只有通过拜访原理，并结合自己的实际工作，才能创造出适合自己的方法和方式，当然，也可能会以技巧的方式体现，但也仅仅是适合自己的。而且，那些技巧，其实更符合"模式化"的原理。

笔记：

不以找技巧为目的，不以掌握技巧为结果。才能从所有的内容中找到自己的答案。

第五章
等着胜利的到来

（逆向拜访循环）

特别说明

因为逆向拜访循环和互动拜访循环这两个内容是新概念，对它们的研究也刚刚开始不久。此外，因为本人的行业特点，对这两个循环以及涉及的销售类型都不算是非常专业。

所以，除了拜访循环的基本概念比较明确以外，对于更深入的拓展和推论，都还只在比较小的范围内验证过。还不能证明在更大的范围内具有适用性。

因此，在这两章的内容中，凡是涉及这些新拓展和推论的经验性总结，都将在每个环节的后面罗列出来，并以特殊的格式表示。

希望这样的内容，可以成为销售人员的参考。或者再一次编写同样内容的时候，就可以作为成熟的观点，非常细致地介绍了。

你的一点，却是他的全部

曾经看到过一个关于养狗的广告，非常感人。

其中有一段话是这么说的：对于你来说，它只是你人生的一部分；对于它来说，你却是它的全部。

所以，我选了这个标题开始全新的章节。

因为当我第一次提出逆向拜访循环概念的时候，很多销售人员跟我说：这种拜访确实是销售工作中会遇到的，确实需要学习相关的知识。但是，逆向拜访的频率是比较低的，对于这样的一点工作内容，完全没有必要与正向拜访循环放到同等的地位来研究啊。

于是，我就会说出这样的话：你的一点，却是他的全部！

因为，有一种销售工作，几乎全部都是逆向拜访。

迷失的工作

关于售后客服工作到底算不算销售工作，一直存在着争议。需要特别提到的是，这里所说的客服并不是网络和电话销售产品的工作，而是接受咨询和售后的客服。

有人认为，这些工作并不能直接产生销售业绩，所以不能算是销售工作；也有人认为，这些工作是推广型销售的补充，而且可以提升销售工作的效果，应该算是销售工作。

更多的人认为，售后客服就是售后客服，不需要和销售建立联系。所以，在很多招聘的网站上，就会专门开辟一个职业分类：售后客服，或者类似的名称。这也是很多人认可的观点。

当然，按照这样的观点，对于售后客服人员的招聘以及工作内容，也局限在可以应付相关的工作为标准。一般对表达和形象的要求更多些，而对专业性和能力要求就比较少了。自然，这样的售后客服人员的收入待遇也就可想而知了。

真正带来启发的，是我与一个朋友的交流。

这个朋友是在一家大型企业做管理工作的，关于售后客服的定位问题，他给出了一些有价值的观点。

在他看来，如果一个企业还把售后客服工作当作一个非核心工作，那么就意味着这个企业没有考虑未来的业绩。售后客服确实不能直接带来业绩，但是，它是销售工作最重要的保障，这个工作的业绩在未来。只有做好了这个工作，才能赢得客户，才能赢得未来的竞争。至少在他的公司里，售后客服的聘用标准是很高的，肯定是比销售人员要高，收入待遇也是相当丰厚的。

至于这样的工作算不算销售工作，他的观点也很有启发性。

他认为，目前的研究工作对售后客服并不重视，特别是在中国。如果把这个工作纳入销售工作范畴，就必须完善相应的理论系统，否则，这样的认可也只能停留在口头上。

事实上，在他的公司里，售后客服的工作也面临着理论系统缺乏的问题，对相关人员的指导和培训大都属于"摸着石头过河"。

为什么是

对于一个事物的认识，我的思考方式是通过"预设并验证"。也就是先认定是或者不是，然后按照不同的方向对事物进行验证，并根据验证的结果来判断预设是否正确。

我预设的内容是：售后客服是销售工作，然后就需要通过各种资源来验证这个主题。

当然，这样的过程是比较复杂和漫长的，而且为了能得到准确的结果，不仅大量地与相关工作进行联系（几乎都是故意找出产品的各种问题，然后去联系各个厂家的客服，还包括各种刁难。确实难为了这些接待我的人员），同时，我还主动联系了一些企业客户的培训工作，并利用这样的机会与他们进行各个层面的交流。

因为这个内容不是本书的主题，所以，过程就不需要特别说了，只是把自己的一些结论进行展示，当然，这些结论都是基于本人对销售以及对售后客服的理解得出的，可能是不完善的。也非常希望更多的人提出意见，或者可以给出更有意义的观点。

第一，售后客服工作是销售工作，应该是，也必须是。

这是根据售后客服工作的内容、作用、价值与销售的定义、原则、原理所进行的比对验证后，得到的结论。

第二，售后客服的现实并没有发挥出销售工作的价值，这也是事实。

由于不同企业对相关工作的定位要求和工作规范的不同，导致售后客服工作只在很小的范围内体现了销售的价值，大多数都还没有发挥出销售应有的作用。

第三，售后客服工作必须逐渐完善以销售工作为核心的理论系统，并以此实现其全部价值。

大多数的售后客服仅仅具备简单的销售手段，而且都非常浅显。很多培训内容都是向其他行业借鉴，而且很散乱，不成系统。这就限制了自身价值的实现。

第四，售后客服工作必须被纳入销售系统来重视，并得到完善发展。

只有真正认识到售后客服工作的销售性质，并按照这样的思路来管理，才能让这个工作发挥强大的作用，并成为赢得市场的巨大推动力。

回应型销售

这是我为售后客服工作的分类。而且，我也已经开始围绕这样的销售类型进行必要的研究。

因为本人的工作性质，很难做出更有高度的研究成果。不过，在我为推广型销售人员做拜访研究的时候，发现针对由客户发起的拜访与回应型销售的拜访非常相似。

因此，在这本专门研究和介绍拜访的书中，就特别把这个拜访作为一个重点内容进行介绍。

一方面，可以通过这个拜访的学习，完善推广型销售人员的日常拜访；另一方面，可以成为回应型销售的拜访参考。

拜访是销售工作使用频率最高的手段，其他的手段全都与拜访有相关性。也可以说，如果我们能建立回应型销售的拜访模式，将对其他相关手段、理论、系统的建立，具有指导性的意义。

无论你从事的是哪一种销售工作，都必然面对逆向拜访。那么，就让我们一起来学习这个拜访吧。

如果你是从事回应型销售的人员，可能就需要更加仔细地体会了，因为这样的拜访，可能就是你拜访工作的全部了。

需要大家特别注意的是，在逆向拜访的讲解中，案例的选择是多方面的，有不同销售类型的案例。这是因为，关于售后客服相关的案例确实不够丰富。

希望大家从其中原理来理解逆向拜访吧。

逆向拜访循环

按照之前的方式，我们首先需要明确的是逆向拜访循环的定义。

笔记：

逆向拜访循环是指由客户（或工作对象）发起的，并由销售人员利用被动的交流机会获得销售工作成果的拜访过程模式。

根据这个定义，我们就可以很清楚地了解到逆向拜访循环的一些要点了。

"客户发起"是一个要点。这是对逆向拜访的基本定性。一定是客户发起的。那么，我们可以先想想，在什么情况下，客户会主动和我们联系呢？

"利用被动交流的机会"是拜访的获得成果的过程。这个过程能成为拜访的关键就是要获得成果，也就是说不是只给客户带来成果，还要给我们带来成果。否则，就不能算是拜访了。最多只能算是一个"自动贩卖机"，是不是非常形象呢？

这是一个"拜访过程的模式化"。这就说明，这个拜访循环是以大量的实践经验为基础，通过对其研究、总结归纳以后形成的。是符合所有类似拜访的实际情况的。

在介绍逆向拜访循环的结构图之前，我还是要强调以上的重点。

如果我们不能把这几个重点做到充分的理解，就会影响随后的学习。因为我发现很多销售人员经常是以错误的拜访场景来套用相关的知识。

特别是前面"自动贩卖机"的比喻。如果你还把逆向拜访循环当作解决客户疑问的过程，而不是拜访获得成果的过程，就不能理解逆向拜访的很多内涵。

这是很多销售人员一直以来，都认为这样的过程并不算是拜访的根源。

我说的是拜访，不是解决问题！

还是以一个案例来说明吧。

案例：你得到了什么

在我给一家电器销售公司做逆向拜访培训的时候，先搞了一个小演练。我来演一个对产品提出投诉的顾客，选了一个有经验的客服人员来接待我。

当我们完成了演练以后，先是让大家进行点评。大家对这个客服的表现都给出比较不错的评价，认为他很好地解决了这个顾客的投诉。

我跟大家说，这就是客服，但是不是销售。然后，我就问了这个参加演练的客服：

"请问，在这个过程中，你得到了什么？"

"啊……我得到了什么？"

"如果你没有任何成果，那么这就不是拜访，也就不再属于销售了。"

这样的案例，是否已经把要点表达清楚了。

所以，必须特别强调这样的重点。哪怕重复三次来强调。

即使是推广型销售的人员，如果仅仅是顺利地解答了客户的疑问，而没有得到自己的东西，那样的过程也不能算是拜访。

我们再来回顾一下两个重要的概念。

营销定义：销售是创造、沟通与传送价值给顾客，以及经营顾客关系以便让组织与其利益关系人受益的一种组织功能与程序。

作者定义：销售就是为了使客户认知、认同、认可并持续接受推广的产品价值，而进行的一系列建设及实现的过程。

　　拜访是销售工作中的一个工作手段；是由销售人员主导的，通过与工作对象进行交流的方式而获得预期销售工作成果的过程；拜访是可以通过提升效率和效力来发挥更大的作用和价值的。

逆向拜访循环结构图

笔记：

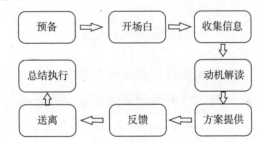

逆向拜访循环结构图

是不是和前面的正向拜访循环有一些相似，但是也有一些不同啊。

相同的地方有几点：

都有八个环节，有一个环节的词语是一样的：开场白。

不同的地方有几点：

有四个环节完全是新的：收集信息、动机解读、方案提供、反馈，有三个环节有点小区别：是送离而不是离开；是预备而不是准备；是总结执行而不是总结。

　　此外，最后一个环节和第一个环节没有连接箭头。

　　那么，我们就开始从预备开始了解这个拜访循环的细节和内涵吧。

　　(注意：因为这是一个全新的拜访循环，很多环节的描述方式并没有特别适合的词语表达，所以，才使用了这样的词语。但是，每个词语所表达的含义和其他拜访循环是有本质区别的。所以，不要错误地认为这些概念是相似或一样的。）

台下十年功

第一个环节是"预备"，这和"准备"是完全不同的。

准备是建立在明确的目标上的，而预备则针对不确定的目标。

因为我们即将面对的客户和客户的问题，都是不确定的。所以，在逆向拜访的第一个环节就自然是预备状态。

既然是预备，就意味着预备的时间和预备的内容都是不确定的，只能在客户到来的一刻，以前的预备内容才会有个短暂的停顿。在面对客户的过程中，正是之前预备的一次验证和展示。

这让我想起另外一个词"学霸"。

学霸的风格就很符合这样的状态，他们在平时大量地学习和大量地做题，使他们具备了应对任何考验的能力。当考试的时候，也就是他们暂停预备的时候，然后，就又开始继续预备的状态。

所以，我选了这个小标题：台下十年功。

笔记：

预备是指为了应对客户（工作对象）的逆向拜访所进行的个人建设、资源建设、拜访建设过程。

个人建设指的是针对销售人员自身的技能、知识、思想的储备过程。

资源建设指的是为了更好应对逆向拜访需要的各种资源条件，如资料、信息、工具等。

拜访建设指的是了解销售工作的拜访进程，明确拜访需要实现的成果设置。

案例：这有什么用？

在我研究售后客服工作的过程中，曾经观摩了一个针对售后客服的培训课程。

这是一个持续两天的培训项目，其中涉及了比较多的内容。

在培训结束以后，他们的领导和培训经理希望我来做个点评，于是，我就发表了我的一个观点：

"你们学习了很多知识，也训练了很多技能，例如产品知识，表达能力等等。"

"可是，我必须要问一个问题：这有什么用？"

"……很好，刚刚有几个同事说了，既然要面对客户的各种咨询、疑问等等，当然是越多掌握知识，越多掌握技能，才能很好地面对啊。"

"没有错，可是，他还是没有解答我的问题，这有什么用。"

"我所说的是，这些内容你将会如何在面对客户时来使用。每一个知识能力都是要被使用的，那么，你会怎么用这些内容呢？你们想过没有呢？"

"所以，在学习过程中，需要不断地提醒自己'这有什么用'，否则，学习了也没有用。"

如果大家仔细体会这个案例的内容，就会明白对于三个建设的具体要求。

案例：这个好！

X经理曾经是我的学员，现在他在一家企业做销售管理，当我去找他谈培训的事情时，他专门把我带到他们的售后客服中心去参观。

他们的客服负责电话、网络的各种售后工作，每个人都是通过电脑来实现这些工作。

在一个客服工作人员旁边，我就随便提出了几个问题，然后就看到客服通过电脑非常熟练地找到相应的资料，有的资料上还会有相关专业人员的联系方式。这让我非常满意。这是一个把资源建设做得很充分的情况。

当我问到：另外一个建设内容呢？

X经理马上就在客服的电脑桌面上打开一个文件夹，里面的内容包括产品的卖点、特点，居然还包括特性利益转换的内容。

X经理告诉我，任何针对销售人员的产品和销售培训，客服人员都要参加，还要在工作空余时间自己学习，争取都用到与客户交流中。而且，客服人员对产品推广的能力，一点都不比销售人员差。

我的评价是：这个好！

我在这个时候，反而很想问问那些做推广型销售的人员，虽然我们不是总会面临客户的逆向拜访，但是，这三个建设，自己做好了么？你又凭什么相信自己可以很好地应对客户的拜访呢？

特别说明

一般情况，针对售后客服人员，需要预备内容包括以下几个类别：

产品相关：销售产品相关内容，例如产品属性、特点、优势、价值等；

交易相关：销售过程相关的内容，例如价格、政策、优惠、渠道、服务等；

资源相关：销售资源的内容，例如支持、售后、管理、资料、礼品、流程等；

技能相关：产品使用和处理的内容，例如安装、调试、使用方法、操作等；

交流相关：与客户交流的内容，例如介绍、答疑、礼貌、客情、表达等。

非常复杂的开场白

逆向拜访循环的开场白是非常复杂的，即使是推广型销售人员也要非常重视开场白，而且这和正向拜访循环的开场白有着非常多的不同。

案例：真的是很棒的开场白。

我刚刚购买了一件电器，可是，出现了问题，维修的师傅也来了几次，就是没有搞好。这下我生气了，决定亲自去售后投诉。

当我来到地方的时候，发现这里的空间是开放式的，有沙发围绕，有鲜花点缀，环境还是不错的。接待我的是个小姑娘，她先打了招呼，就请我坐下，然后端了一杯绿茶，还把烟灰缸放到我的面前，然后打开一个本子，拿着笔，坐到我的对面，很认真地说："先生，您有什么问题，我会仔细记录，然后会全力帮您解决的。"

这时，我笑了，我说："真的是很棒的开场白！"

是不是呢？开场白的作用是什么？

> 笔记：
> 开场白是指改善和建设拜访环境，并使拜访按照预期进度进行的互动过程。

从定义上看，逆向拜访和正向拜访的"开场白"的确有相似的地

143

方，就是使拜访可以按照预期进度进行。当然，在正向拜访的时候，是希望客户能接受这个拜访，但是在逆向拜访的时候，可就没有这样的烦恼了，因为这个拜访是客户发起的，我们不得不接受。

所以，考虑到逆向拜访的特点，就特别提到了三个关键词：改善、建设、拜访环境。

在正向拜访的时候，销售人员是到客户的"主场"，虽然存在拜访环境的问题，不过主要是了解和适应。而且，也很少存在我们去建设环境的机会。

但是，在逆向拜访的时候，销售人员成了"主场"，我们是东道主啊，我们是可以建设环境的。只是这个东道主可不容易当啊，因为来"比赛"的是客户。

无论客户是因为什么样的理由和目的来启动拜访，我们如果有一个良好的拜访环境，也包括氛围，都是对拜访效果和拜访进程很有意义的。

因此，关于拜访环境的建设和改善，是每个销售人员必须考虑的。

案例：你如果是客户……
有一天，我正在和销售人员聊工作的事情。这时，他的电话响了。
"老师，不好意思，是Z主任的电话，我才刚拜访过他，不知道有什么问题。我先接个电话啊。"我示意他没有问题。
"喂，您好……是Z主任么？天啊，第一次听您电话里的声音啊，好年轻啊，我还以为是您的助手呢？"
"啊，我有空，您的电话，我还能没空么？好，您说吧，什么事情让您亲自打电话来啊，您叫我过去就好了啊。"
"啊……您慢慢说……啊，是这个事情啊，那我跟您解释一下吧……"

你如果是客户……

我还需要说什么更复杂的内容么？我们是否可以理解"开场白"的魅力了？

在一些售后客服工作的规范中，会特别提到一点：

如果与客户发生了争执，错误一定是在工作人员。而且，管理者也往往首先指责工作人员的工作问题。

这样的内容是否公平呢？

如果没有销售工作的管理理念做基础，没有逆向拜访循环作为基础的拜访训练，没有对各个环节进行必要的改善和建设，甚至没有拜访环境的考虑……我认为是不公平的。换个词就是"不教而诛"。

但是，如果有这些条件呢？

那就算是比较公平了。注意，是比较公平，因为在实际的情况下，确实存在一些"熊客户"，这是需要识别的。不过，对于绝大多数的情况，销售人员（注意是销售人员）一定是主要的责任！

特别说明

A. 开场白的内容是可以根据不同客户的特点，进行有区分的设计。

一般情况下，逆向拜访的客户类型是比较固定的，至少是有限类型的。

B. 由于售后客服的销售推广目的和成果的种类也不是很多。

所以，也可以考虑有针对性的设计开场白方式。

C. 销售人员，售后客服的个人特点也会对开场白的作用产生影响。

可以建立标准的要求，但是鼓励在具体操作上根据自己的特点创新。

别急，别急

开场白结束了，就是要解决问题了。终归客户是有目的，才会启动拜访的。

但是，我希望大家一定记住两个字：别急！

因为有一个环节是必须先做到的，就是"收集信息"。

可能是因为行业的关系，我对医药系统的事情还是比较专业的。

我觉得医生在给病人看病的过程，就非常好地展示了"收集信息"环节的各种要求。

大家仔细想想自己去看病的时候，你是怎么说的呢？医生又是怎么问的呢？

如果我们仔细分析一下，就会发现这个过程是可以体现出一个医生水平的。

其实，医生就是在收集信息。当然，他的目的和我们是不同的。医生是需要根据信息进行诊断的。

那么我们的目的是什么呢？

> 笔记：
> 收集信息是指了解客户诉求，以及为动机解读提供依据的互动过程。

诉求，这和之前的正向拜访循环中的环节是同样的词，那么，含义是不是一样的呢？

是一样的。

既然是一样的，就必须考虑一个问题了：这个诉求到底是什么？

于是，就必然涉及另外一个概念：动机。如果放到正向拜访循环里，就是销售人员的拜访目的和拜访成果的预设了。也就是为什么启动拜访的原因。

所以，在逆向拜访循环中，"信息收集"和"动机解读"是相互融合的，但是，由于这两个环节反映了先后的思考顺序，而且，也存在明显的区别，才按照两个环节介绍。在实际工作中，这两个环节的区分并不明显。

有经验的销售人员会考虑在收集信息的时候，先收集信息了解客户的诉求，然后再了解信息分析客户的动机。

以上内容好像有点拗口了，理解起来要费不少脑细胞了。

我们还是看一些案例，就容易理解了。

案例：诉求是什么？动机是什么？

第一个事情，我之前提到过。我的电器出了问题，师傅来修了几次都没有修好，于是我来到售后。那么，我的诉求有多少种呢？我的动机又有多少种可能呢？

尽快修好、退换商品等都是诉求；要求解释、质疑质量、服务不认真、道歉赔偿等是动机。

第二个事情，我之前也提到过。就是 Z 主任给销售人员打电话，需要解释一件事情。那么，客户的诉求有多少种呢？他的动机又有多少种呢？

获得明确解释、获得专业保证等是诉求；对这个内容关注、质疑之前的内容、这是重要且关键的内容等都是动机。

第三个事情，如果发现银行卡的金额不对，打电话给客服。那么，你的诉求有多少种呢？动机又有多少种呢？

合理解释、后续处理方法等是诉求；怀疑安全、银行责任、消除疑虑等都是动机。

是不是突然觉得做个售后客服人员真不容易啊！

不过，大可不必太害怕。因为不同的行业，不同的产品，不同的销售模式所能涉及的诉求和动机，并不是无穷大的，一般都是有一定范围的。

尽管如此，我们在面对客户的时候，都不能做出准确的判断。所以……

对了，就是要收集信息。这样，我们才能做出正确的判断。

有这样一个系统是大家都熟悉的，就是诉求引导的过程。

当我们打客服电话的时候，会让你不停地选择按键，最后根据选择的情况来了解你的诉求，并给出答案。

但是，你一定会形成非常不好的体验。反正我一旦遇到这样的内容，最重要的事情就是在仔细听"转人工服务请按……"。

为什么这个看似很好的系统，怎么就不能满足客户的需求呢？

首先的问题就是，所有的选择都是以客服的角度来确定的，到底每个选择的含义是什么，然后会是什么，客户是不清楚的。

其次的问题就是，这样的选择最多只能形成诉求，却不能了解客户的动机。所以，客户就很不满意，甚至造成更严重的动机。

当然，这样的方式想实现销售的目的和成果，就更不可能了。

个人认为，设计这样系统的人，应该仔细学习逆向拜访循环的内容。要知道，售后客服不是机器，客户也不是机器。

我是很支持利用专业的引导来解决问题的。我也相信，这样的系统一定也可以解决一些客户的诉求。但是，必须考虑一些实际的问题。

客户大都不是专业人才，他们对商品和服务的理解往往是很主观的，这也是很正常的。因此，可能形成的诉求和动机都是不严谨的。

如果客服人员可以利用比较专业的方式来进行引导，帮助客户梳理思路，往往可以直接让客户发现问题的答案，可以很好地实现他的诉求，也会自然消除那些动机。

不过，专业引导，绝对不是非常专业的引导，而是利用专业的思维来与客户进行对接。是要他们可以理解的。

案例：电脑笑话

"您好，有什么可以帮到您的么？"

"我刚买的电脑，却不知道我下载的软件在哪里啊？"

"请打开'我的电脑'。"

"啊，你的电脑，我怎么打开啊？"

"是你的电脑桌面上的图标。"

"我新买的电脑桌啊，可是桌面上很干净，哪有图标啊？"

……

当然，这仅仅是个笑话，可是，我们不也经常制造这样的笑话？

特别说明

在信息收集的过程中，如果能站在客户的立场上，或者是认同客户的体验，对于信息的收集非常有帮助，还可以很好地消除一些动机。

案例：

"姑娘，你们卖给我的手机不好用。我想换。"

"阿姨，怎么不好了，出了什么问题么？这款还不错啊，您的眼光挺好啊。"

"我年龄大了，屏幕太小，我看不清啊。"

"真的啊，那可真不方便啊。我老妈也是一样的情况。"

"他们说要换个大屏幕的就可以了。"

"可是，阿姨啊，那么大，多不方便啊。您都没地方放啊。"

"啊，那可怎么好，那……"

"阿姨，屏幕大也不适合，不过，如果把屏幕的字搞大点，是不是就可以了。"

"可以么？那太好了。有什么办法么？"

"来，我教您……哎，干脆，我帮您设置好就算了，省着您还要记方法。"

"这姑娘真好。"

"您看这样还可以吧，这个手机在这个方面就是考虑到老人家的需求的。"

"他到底要什么?"

我一直觉得做售后客服工作的人员，所需要的能力是特殊的。

同样，能够很好地处理客户各种逆向拜访的销售人员，也需要一些特殊的能力。

在逆向拜访循环中，"信息收集"、"动机解读"、"方案提供"恰恰是展示这些能力的过程。所以说，如果没有这些能力的保证，就完全不能算是销售工作了。

> 笔记：
> 动机解读是指明确客户（拜访对象）表观动机和潜在动机的互动和分析过程。

是不是觉得很难啊。的确很难。

尤其是需要在信息收集的过程中完成这样的判断。所以，在之前就已经提到过，这个环节并不是拜访过程中客观存在的过程，而是体现了拜访过程中思考的过程。

也就是说，客户是感觉不到这个环节的存在，但是在销售人员的内心是存在这样的环节的。

而且，做好动机的解读是决定整个拜访的重要内容。
关于什么是动机，在之前的案例中已经介绍了。
需要大家特别明确的是一些关于动机的重要理解。

动机是客户启动逆向拜访的动力，如果没有动力就没有逆向拜访。
不要简单地从诉求的严重程度来判断动机，如果客户不在乎，也就没有动机。而有的人则可能因为"鸡毛蒜皮"而启动拜访。
所以说，不消除动机，逆向拜访是没有可能结束的。
有的动机是和诉求同时存在的，一般随着诉求的实现，动机也就消除了。
有的动机是和诉求不大相关的，这可是麻烦事，如果不很好地消除，这个拜访可就很让人头疼了。

案例：总算结束了。
一个顾客来到超市的售后客服中心，拿出刚刚买的一瓶果汁。她非常生气地告诉工作人员，果汁的包装已经磨损得非常厉害，连有效期都看不清了，这让她感觉这个商品的质量非常不好。
售后人员不仅把这个商品通过扫码方式证明了有效期是没有问题的。也告诉顾客质量是可以保证的。
可是，好像这样的解决并不让顾客满意，还是在中心不停地数落这个产品在包装运输的问题，而且，慢慢地开始质疑超市的管理问题，甚至有点愈演愈烈的情况。
售后的主管看到这样的情况，就意识到售后人员在消除动机上有疏漏，也感觉这样的事情没有必要搞得这么严重。于是，马上过去和顾客表示：不仅可以更换产品，而且，更换的产品可以按照价格返还。然后，马上从口袋里拿出了自己的3块5毛钱交给了顾客，是的，就是3块5毛钱的事情。

顾客拿着钱，唠唠叨叨地离开了。

最后，主管跟工作人员说：诉求解决了，并不代表结束了。动机还在，过程就会持续，甚至会演变成更严重的事情。

不要怪罪顾客"刁难"问题，每个人的想法都有一定的道理。但是，不要以为一个小动机就可以忽略。那将会造成严重的问题。

仔细想想我们经历过的一些严重的纠纷，其实，很多都是因为动机没有消除，最终持续发酵变成了最终的严重问题。

所以，为什么很多人都认为：大闹总是有回报的，至少要让对方重视。这确实是有道理的，这和素质、道德都没有关系，而是逆向拜访的原理。

当然，也确实有一种售后客服人员会走向另外的一个极端，就是认为所有的人都怀有非常多的动机，这也是非常危险的。

其实，再次强调，这都需要通过信息收集和动机解读的过程来明确。而且是互动的过程。否则，凭着主观或者所谓的经验来判断，是容易造成很多风险的。

案例：大家想多了

有一天，一个客户打电话到我们的市场部。

原来她在一家药店购买了我们公司的止咳水给孩子，可能是因为口感不错，孩子趁家长不注意就把一瓶都喝了。所以家长打电话来咨询。

请问，如果是你，你会认为家长的诉求和动机是什么？

很多销售人员凭着经验提出了大量的观点，当然，在动机方面，就会涉及很多严重的内容，向索赔、要求承担费用、企业承担责任等等。

好像都有道理，但是必须结合实际情况。

在我和家长收集信息的时候，就根据家长的表达，明确了诉求和动机。

实际上，这也是大多数"正常人"的基本状态。

一个是孩子有没有危险，一个是家长应该怎么办，一个是孩子是否有潜在的风险等等，这才是一个妈妈应该担心的事情吧。

如果我们按照经验所提的动机去处理，那就是自己给自己制造了新问题。

在这个地方，我很想让大家把内容转到第一章的第一个案例，或者，就会发现所有的根源了。

就是那个"你爱客户么"的案例。

特别说明

一个在银行从事售后客服工作的销售人员提供了他的经验。

在互动、识别、分析客户动机的时候，可以按照两个方向来考虑。

客户的动机主要是两种：

一个是不满意，另一个是想得到。

一般不满意都会和诉求相结合；而想得到往往是独立的。

不过，客户在表达的过程中，总会把这些动机表达出来的。而且，根据他的经验，客户的动机一般非常少，很少会出现超过两动机以上的情况。

如果按照这样的想法，收集信息和动机解读的过程就会简单，也容易得到准确的结论。

是解决问题还是消除动机

我们用了大量的文字来说明之前两个环节要点，就是为了到现在可以通过"方案提供"来解决问题。

按照这个标题看，我相信应该会有很多人对提供的方案有了一些想法。

案例：我还能说什么呢

先生，您好。

您所提到的汽车轮胎比较硬，胎噪比较大的问题，我已经和技术部门进行了联系，他们表示，这样的情况确实是真实存在的，您对汽车问题的描述是比较专业的，也是很准确的。

技术部门的人员给出的建议是，如果您确实需要胎噪降低，可以考虑更换相对比较软的轮胎，但是由于现在使用的轮胎是出厂的配置，所以可能需要您另外购买轮胎，我们可以提供免费更换的服务，并对新轮胎提供质量保证。

但是，技术人员也表示，从汽车驾驶的角度看，硬轮胎和软轮胎各有利弊。软胎抓地性要好，比较稳定，操控性高，也确实可以减少胎噪。但是，硬轮胎的使用寿命要长一些，同时，如果您的汽车遇到路面的一些尖锐物品，可以避免被扎破，这也是一些客户比较喜欢的。

所以，考虑到这款车属于家庭用车，这样的配置恰恰是考虑到在普通路面的驾驶需要。

建议您根据自己实际需要来考虑我们的建议。我们会根据您的需要提供相关的服务保障。

以上内容是我给车行打电话时，客服人员的回复方案。是不是很棒呢？

但是，如果你还是只从内容上去看这个案例，就真的太可惜了，至少你没有完全理解之前两个环节的内容，特别是关于诉求和动机的理解。

这个案例，我们就应该从诉求和动机的角度去评价了。哪些是解决诉求，哪些又是针对动机的呢？这样才能真正理解这些方案的精髓，当然，也包括看到核心的问题。

所以，改变思维方式才是最重要的。

> 笔记：
> 方案提供是指通过提供解决诉求的方案，同时消除动机的过程。

我觉得这个定义已经很好地说明了方案提供的要点。

一般情况下，解决诉求的方案都比较清楚，具体的内容也比较规范。

但是，绝对不是简单地把方案提供出来就达到目的了。

同样的方案，表达的方式都是不同的，都要根据动机来考虑。

否则，我们就可以预期随后的风险了。

我们也可以反思一下，在自己的工作过程中，有多少这样的情况。

> 笔记：
> 对于无法解决或没有条件解决的诉求，需要考虑使用承诺方案。

到底应该怎么利用方案来达到解决诉求和消除动机的问题，可能还需要更多工作人员，通过工作经验的积累，逐渐提升相关的能力。

在这里，我要重点谈的是"无法解决或没有条件解决"的诉求。

的确有很多时候，可能是客户的诉求太奇怪、太专业、太离谱、太刁钻……总之，确实已经超过了售后客服人员的能力及权限。那么就要考虑另外一种方案：承诺方案。

需要注意的是，我没有提动机。因为，解决不了诉求，动机就一定不能解决。

承诺是可以消除动机的，这并不难理解，关键是什么样的承诺可以消除动机。

像"等有时间了，再……"或者"让我考虑一下……"或者"您再考虑一下……"等方式，就不是消除动机的承诺，这只能是暂时把动机压下去而已。

包括了时间、内容、安排、责任、标准等内容的承诺才可以消除动机，当然，随后也必须通过执行环节来落实。

说实话，很多售后客服管理者都没有在这个问题上给予足够重视。

因为，我们从工作人员的资源准备上就能发现这样的问题。如果不能解决问题，该怎么办，或者该启动什么样的流程，都不是很明确。要知道，这是售后客服必须完成的建设部分。否则，就不能应对相关的问题。

案例：好吧，我可以接受

先生，您好。

您所提的问题，确实非常少见，我们还不能给出明确的解决方案。

对于产品给您带来的不便，请您原谅。不过，这个产品的质量一直是被广大顾客认可的，相信您也是对这个产品有信心才选择的，我们相信这样的情况一定是个意外，希望您继续保持对这个产品的认可。

我已经把您的问题进行了记录，并转给技术部门，他们将在 24 小时之内为您提供上门服务。负责服务的工作人员将是技术部门最有经验的人员，他也将在 1 小时内和您联系上门服务安排。

　　如果 1 小时之后未接到工作人员的联系电话，您可以打电话或通过我们的公众号了解情况。

　　您看，这样解决是否可以让您接受？

　　这个案例是前面案例的延续，就是我的电器连续维修都不见好，我去投诉时，见到很好的开场白的事情。

　　后来，就是这样的情况。

　　这样的承诺方案是我可以接受的，也自愿终止这次拜访了。

　　所以，承诺方案是需要非常严谨和负责任的。

特别说明

客户的动机是在变动的，这是根据拜访过程的发展来变化的。

有时是逐渐强化的，往往是因为对各个环节的不满意。

有时是逐渐弱化的，因为各个环节带来满意。甚至会消失。

因此，从预备到开场白到随后的每个环节，都应该关注动机的概念。

通过有效的工作，可以获得最好的效益。

客户满意么?

　　从字面上看，"反馈"就是把方案给了客户以后，看看客户是什么意见。

　　这样的理解是没有问题的。

　　可是，绝对不是一个简单的过程，至少在很多时候都不能简单地处理。作为一个明确的环节，它是有特殊的作用的。

笔记：

反馈是指为了实现客户满意，对所提供方案，进行认定和强化或调整的过程。

必须区分一下每个词语的含义：认定、强化、调整。

认定的过程是根据客户的反应，对方案的细节、内容、结果进行解释说明；

强化的过程是根据客户的反应，对方案带来作用、价值、利益进行阐述；

调整的过程是根据客户的反应，对方案内容进行调整，甚至重新返回之前的环节。

我们用一个非常简单的案例来说明三个过程的要点吧。

案例：活动议程的设计情况

我负责组织一个与客户交流的活动，并已经完成了活动议程的设计。

这时，我的领导打电话给我，让我汇报一下活动议程的内容。

当我把活动议程的细节介绍完以后，领导的不同反应，就决定了我"反馈"的要点。

第一种情况：

"嗯……是这样安排的啊。"我知道，领导可能对这样的内容不是很了解。于是，我需要按照认定的方式来完成反馈。

"领导，里面的内容有点太细了，我们是把活动分成了三个部分来设计的：第一部分是9点到10点是公司情况的介绍和展示，10点半到11点是双方交流的内容，11点到12点是客户参观车间的内容。"

第二种情况：

"这样安排的啊，让我想想。"我知道，领导可能对这样的内容有点不理解，于是，我需要按照强化的方式完成反馈。

"领导，我们是这样考虑的，客户住的有点远，如果太早了，他们也不方便，9 点这个时间可以避开堵车，而且，参加会议的人员也可以提前安排好工作，我们也来得及布置会场。我们安排了 10 点到 10 点半的休息时间，是考虑您和客户需要单独交流一下，这也是您提到过的。11 点之前，车间的工作比较忙乱，也不方便参观，所以，我们就选择了 11 点，这样参观完之后，就可以安排客户到食堂用餐了。"

第三种情况：

"嗯……不行，还有些问题。"我知道，领导对这个方案是不满意的，于是我需要按照调整的方式完成反馈。

"领导，您觉得哪些内容不合适啊，您还有什么具体的要求么？"

虽然内容很长，而且也比较简单，但是，对反馈环节的表达是比较清楚的。

当然，这个案例是通过电话。如果是面对面的话，就需要售后客服人员"察言观色"的能力了，这和正向拜访的聆听非常相似。

不过，在我和相关人员进行交流的时候，很多售后客服人员告诉我，实际的情况会更复杂，需要的能力更多。我的案例只能算是起步水平。

是的。

每当我给他们培训的时候。对他们来说，最大的感受是：原来我们的工作这么多内涵，原来我们做的工作这么有水平，原来我们的工作是别人做不了的。

特别说明

在与客户面对面的情况下，一般可以很好地了解客户的反应，并确定随后的方式。

但是，如果不是面对面的情况，例如网络、电话等。

很多售后客服人员会考虑利用询问的方式来了解客户的反应。

有的时候是直接的询问，有的时候是通过表情图片，有的时候根据客户的反应时间。

这是需要一些经验作为积累的。

送人？还是送……

从词语的表达上，我们就能了解"离开"和"送离"的区别。

离开是我们主动地离开，就要根据自己拜访的情况来决定；但是，送离就要看人家愿意不愿意走了。这大约就是主要的差异吧。

不过，送离还是有点小门道的。

> 笔记：
> 送离是指客户（拜访对象）终止拜访，或引导客户（拜访对象）终止拜访的过程。

我一直觉得"引导"这个词很有意思，也是一个很值得大家体会的词汇。

有的时候是客户觉得可以走了。从拜访的角度看，对客户来说，他做的是正向拜访，所以他是可以决定离开的。当然，客户如果学过正向拜访循环的话，他就厉害了。

有的时候是客户并不清楚是否应该走了，这时，就可以通过一些方法引导客户终止拜访。

还是来看一个案例吧。

案例：很漂亮地让我走

以下内容是我在银行办事的时候遇到的一段送离设计。虽然像银行这样的柜台服务是否属于销售工作，还需要仔细考虑，但是这段送离的内容确实可以给很多销售人员一些启发。

"先生，让您久等了。我已经按照您的要求将您卡上的款项转到了指定的账户上，因为是即时到账，您可以马上查询，如果有什么问题，可以拨打我们的电话咨询或者再到我这里处理。"

"这是您的卡和证件，还有转账的回执，请您仔细收好。"

"您是否还有其他的业务需要我来帮您处理么？"

"那好，非常感谢您的配合，期待您再次到来。再见！"

可能很多做售后客服的人员会觉得，这有什么啊？我们也都做了。

其实，这样的内容中，充分体现了送离环节的很多要求。

一是有拜访的总结；
二是有执行的细节；
三是终止拜访的信息引导；
四是有基本的礼貌。
主要是这几个内容，其他的还在考虑中。

有很多销售人员都会特别关注形式上的要求，例如礼貌啊、语气啊、形体啊等等。其实，内容是不能忽视的。形式和本质的结合才是最好的结果。

如果我们仅仅认为送离就是送人，那么就和很多商场门口，喊着"欢迎您再来"的喇叭，或者是玩偶，完全没有区别了。

送离当然不能只是送人，是拜访终止过程。既然是拜访终止的过程，就一定会和拜访有关的内容。

笔记：

拜访的总结。可以对过程总结，可以是对感觉总结，也可以是对方案的总结。

执行的细节。完成拜访终止的一些必要的程序，例如签字、确认、评价、收纳等等。

终止信息引导。自然是对这个拜访终止的表达，可以是确定，也可以是询问。因为客户决定终止。

基本礼貌。除非必要，仍然建议以基本礼貌为主，不主张过分的表示。

以上这些内容，是我根据过去研究及调研的情况整理的，有一些是某些企业正在执行的内容。

但是，我始终认为，这样的内容是一个启发性质的内容。

只要我们意识到送离是拜访解说的过程，就可以根据实际的行业特点和工作特点，进行有针对性的要求。那样，才是最好的答案。

事实上，在我撰写这些内容的同时，就已经有一些新的经验和想法传递到我这里，就像下面这样的内容，是针对终止拜访信息引导的想法和做法。

特别说明

有很多售后客服人员会告诉我其他的送离策略，特别是终止拜访的引导信息。

冷场策略，让客户自己意识到应该离开了。

无聊策略，问客户还要不要加点水，或者谈点其他的内容。

推荐策略，可以推荐其他的产品或服务，一般客户就会选择离开。

强制策略，利用在时间上、空间上的不得已的方式，如下班时间，网络关闭等。

不过，每种策略往往有行业特点，需要特别谨慎使用。

台上的表演只是开始

曾经和非常优秀的运动员一起交流，我所说的运动员都是世界级的明星。很骄傲吧。

我们聊到训练和比赛关系的时候，他们告诉我：训练是为比赛，而比赛也是为训练。

我想，以这样的观点来讨论"总结执行"这个环节是非常适合的。

> 笔记：
> 总结执行是指销售人员根据拜访的情况进行的自我调整，以及根据消除动机的方案完成责任工作的过程。

之前在提到"预备"环节的时候，我用的标题是"台下十年功"。这是说明，我们在面对客户逆向拜访的时候，基本功底是保证成功的关键。

同时，当我们完成了"台上的表演"，无论是否精彩，都已经是结束了。从表演的过程中，可以了解自己的欠缺，也可以通过客户的情况了解自己的努力方向，于是，就需要根据这个表演来调整自己的预备了。

所以才会说：训练是为比赛，而比赛也是为了训练。这是一个运动员成长的过程，也是一个销售人员应该具备的状态。

好了，我们还是先根据定义来考虑这个环节应该做些什么吧。

第一个任务当然是自我调整了。

在正向拜访的总结中，是要考虑下次面对客户该做什么，自己应该怎么做的问题。但是，在逆向拜访的总结中，自己的调整是必需的，但是却没有明确的客户，因为，我们不知道下次同样的客户什么时候出现。何况，下一个客户是什么诉求和动机还不知道。

因此，我们就能理解一个区别了。在正向拜访循环中，最后一个环节是和第一个环节通过箭头连接的，说明了持续循环的重点是客户。而在逆向拜访中，是没有这样的连接的，说明持续循环的重点在自己。

这是非常重要的概念！拜访循环虽然都存在针对销售人员的特点，但是正向拜访的思考重点是客户；逆向拜访思考的重点是自己；互动拜访思考的重点是方案。

案例：已经调整好了

在一次与售后客服一起体验他们工作的时候，一个工作人员遭遇了一个非常"奇葩"的客户。好在他的经验丰富，拜访能力很强，终于很好地送走了客户。

然后，他就靠在椅子上，长舒了一口气。

我就马上劝他，既然出现了新问题，就应该马上做好总结啊。

他的观点，让我大吃一惊。

"老师，我已经调整好了。这种情况非常罕见，没有必要因为这样的情况调整太大。刚刚的过程，既是应对，也是调整。这就说明，我现在所具备的条件是可以应付的。除非再遇到这样的问题，我没有必要改变我的基本建设。您说对不对呢？"

啊……对啊。他确实已经调整好了。

于是，可能很多销售人员会说：是啊，实战就是最好的调整啊。

不是的。这要看是什么样的实战。

我看到，很多销售人员面对同样的问题，同样的手忙脚乱，这怎么算是利用实战来调整呢？我也看到，有些售后客服总是在同样的问题中没有办法，还居然谈实战调整。

我经常遇到一些销售人员会咨询我同样的问题，而且是多次。我就很奇怪了，为什么同样的问题要出现这么多呢？

所以，请慎重理解这个案例的精髓。

在这个环节中，还有一件事必须要做，就是"执行"。特别是以承诺方案作为消除动机的方式，这时就必须马上做好相应的执行内容。否则，很快就会面临更强烈动机的拜访了。

不过，这个内容在一些企业中是比较简单的，因为他们有完整的系统来保证。

一般情况下，售后客服人员都会把承诺方案的细节都输入到电脑中，有的时候是直接把相关细节发送到其他流程中。然后会有其他的人员来跟进。这就非常厉害了。

当然，必要的时候，也需要通过手头记录。我也见过在一些售后客服的办公桌上，贴了很多贴纸，上面都记录了一些需要执行的内容。

对于管理售后客服的人员，也必须把这个环节作为重点。例如在某些企业，每天的早会都要求大家把需要执行的工作汇总，并定期检查进度。这是很必要的。

特别说明

在完成执行内容的时候，应该尽量避免让客户再次逆向拜访，而应该争取利用正向拜访处理。理由有二：

第一是利用正向拜访可以获得主动性，更容易取得成功；

第二是所有的逆向拜访都会引导客户形成动机，可能会失控。

所以，任何售后客服人员都应该认真学习正向拜访循环的知识、能力。

你见，或者不见……

这是一首很美的诗歌。

我要把它改一改：你见，或者不见，诉求和动机都在那里。

这就需要谈一个问题：其他形式的逆向拜访。

其实，在我研究的过程中就发现，在逆向拜访中，不同形式对拜访循环的要求，并没有太大的差异。这和正向拜访是不大一样的。正向拜访的不同形式，需要考虑的重点都是不同的。

无论你是什么样的形式，是见面还是电话，是网络还是 QQ，都是需要相同的环节，相似的要求，相同的内容，相似的思考。

其实，真正的差异，仅仅是形式本身而已。

案例：稍微等一下

当我和销售人员一起谈工作的时候，他的电话响了。他拿起来看了一下，然后没有接，只是把声音消除了。然后跟我说：老师，稍微等一下，是很重要的客户，我要想一下。

过了一会，他把电话打过去：主任您好，不好意思，刚刚在停车呢……

案例：什么都不说的方式

我和售后服务人员在电脑前看他的工作过程，他正在处理客户的投诉。

当我们看完了客户的投诉内容以后，我发现他连续打了几个内容都在发送之前给删除了。我理解，他在考虑使用什么样的表达来应对这个投诉。

最后，他什么也没写，而是发了两个表情，一个是"同情"，一个是"帮助"。

然后……

案例：我笑了

当我通过微信公众号完成了投诉，他们也明确了具体的安排以后。

我在微信上收到了一个非常好笑的动图，而且是和我的产品相关的，很好笑。

我的结论就是：其他形式的逆向拜访，更多的是利用形式上的优势！

我的销售成果在哪里？

我们已经完成了所有环节的介绍，也添加了一些小经验和小建议。

于是，就有人问了：你说的销售成果在哪里呢？不是说没有成果，就不能算是拜访，也就不能算是销售工作了么？

其实，很多的观点已经在案例里都有体现，可能大家更关注环节的内容，而忽略了其他的内容。

没有关系，我们现在就来谈谈售后客服的销售成果吧。

案例：谁在影响你的市场

我曾经购买了一款笔记本电脑，是一个新品牌。我觉得各方面特点比较适合我，就特别选择了它，关键是它可以提供定期的维护服务。

当我使用了一年，也觉得不错。到了定期维护时间，就拿着电脑到了售后服务中心去做维护。

当我刚刚在售后服务人员面前拿出这个电脑时，这个师傅就马上感慨地说：

"哎，又是这一款啊，是不是又出毛病了。哎，平时维修最多的就是它了。"

我说："不是坏了，是来定期维护啊。"

他说："啊，是这样啊。你用的怎么样啊，是不是总是容易卡啊。"

我说："是么？你这么一说，好像是有过。"

他说："那你的运气不错啊。我来帮你做系统升级吧。希望你继续支持我们公司的产品啊。"

我楞了。我想不仅我不会再考虑这个电脑了，也会告诉别人不要买了。

后来，这款电脑逐渐在市场上就不再出现了。

案例：销量高是必然的

还是电脑的事，是我的台式机出了问题。

当电脑罢工的时候，先是家人的责怪：告诉你不要买这个牌了，就是不听。然后就是催我去维修，当然，也会留下一个预言：估计也是修不好的。

当我来到售后的时候，他们了解了情况，然后帮我把问题处理了。而且，特别告诉我："您的电脑没有什么大问题，就是遭遇了病毒袭击。因为我们考虑到非专业用户的特点，所以特别安装了一些软件进行防护，但是，您可能不了解这些软件的作用，居然给删除了，因此才会这样。"

"好电脑还要好保护。这款机子非常适合家庭使用的，还有一些功能您都没有使用过。我来给您介绍一下。"

"此外，您的电脑保修期还没有过，您不必专门跑来，给我们打电话就可以上门服务了。"

"希望您使用我们的产品，有更好的体验。"

反正，我是很满意的，后来买电脑，就只选这个牌子的。至于为什么，总是有道理的。

我只是列出了两个案例，因为关于售后客服的故事，大家一定比我多。

我们总说服务是竞争力，可是，真正的竞争力怎么体现出来呢？就是售后客服的工作。

> 笔记：
> 售后客服工作对销售来说是保证购买体验的完整性。
> 售后客服对销售业绩的影响，主要体现在：舒心、安心、放心、信心。

我总说，任何的事情总是有好与不好的情况，这才是完整的状态。

就像婚姻，如果全都是快乐，全是"相敬如宾"，这是不健全的。是要有争吵、分歧的，但是，如果处理不好争吵和分歧，就可能导致婚姻的破裂。

就像工作，如果全是努力，全是团结一致，那是不存在的。恰恰是存在很多问题，而且处理得非常合理及时，才让这份工作有了意义。

销售也是一样的。如果说正向拜访是我们赢得客户的过程，那么，逆向拜访就是我们保持客户的过程。如果我们不能很好地处理逆向拜访，我们的客户体验就不完整。即使是好业绩，也是暂时的。

> 舒心是什么？就是客户在面对售后客服交流时的流畅性；
> 安心是什么？就是所有问题都将可以得到完美的解决；
> 放心是什么？就是相信产品的问题不仅仅是自己在承担；
> 信心是什么？就是愿意继续购买这个产品的保证。

关于回应型销售在产品推广上的作用，是一个很大的课题。其实并没有太多的理论系统来论证这个方向。

但是，如果我们可以使这样的工作过程，能从"应对型工作"转向"逆向拜访"。至少我们已经开始寻找和尝试回应型销售的价值。

天下无敌

在这个章节的最后，要说些似空非空的话。

正如我在这个章节开始时提到的，逆向拜访循环和互动拜访循环是新概念，关于它们的研究也仅仅是开始，甚至仅仅是我个人在开始，特别是逆向拜访。所以，更多的经验、更多的结论还不可能这么快形成，也不可能非常丰富。

但是，销售绝对不是我们认为的那样，不仅仅是推广型销售这一种。其他类型的销售也已经出现，或者说是正在向销售工作转型。而且，我相信，还会有更多的新类型销售会出现。

因此，我们建立这样的概念是很有意义的。

请关注以下的内容，有点绕，但是很好地论证了逆向拜访的价值。

事实上，很多销售人员都对面对客户发起的拜访，是有点忧虑的。这样的忧虑是因为存在两种不同的思维模式，而且是要求与正向拜访完全不同的思维方式。

所以，我们对逆向拜访是心存恐慌的。对，也是一种恐慌，也是"门口的恐慌"，唯一的区别是，这一次我们站在门里面。

所以，逆向拜访是推广型销售人员的拜访补充，包括互动拜访也是一样。

那么，既然这样的拜访方式确实是销售工作的一部分，作为几乎全是这样的工作方式的售后客服工作，也应该是销售工作，也是可以创造销售价值的。

只是很多从事这样工作的人员还没有意识到销售工作的性质，也没有意识到利用这样的交流方式来创造销售业绩。

如果我们能存在这样一种拜访循环，使得从事售后客服工作的人员可以实现销售的目的，自然就可以使销售工作更有效、更完整。

我承认。事实上，关于逆向拜访的认识还存在一些疑虑。

"星星之火，可以燎原！"

我看到一些售后客服工作的管理者，已经意识到销售工作的特点，也已经开始利用销售的思路来管理和指导这些工作，也确实取得了良好的业绩。

那么，就会有更多的人关注到这个工作，也会开始调整自己的思路。

当然，也包括对销售系统的建立进行完善。

最终，当一群优秀的回应型销售人员站在客户的对面，我们可以意识到一种强大的力量。

天下无敌！

不仅仅是对客户的认识，也包括"门口的恐慌"已经消除。

第六章
你好，我也好
（互动拜访循环）

不相称的身份

每天在全世界，最高频率的交易过程是什么？

一定是在商场、超市、商店、市场等类似的销售场所中出现的交易，也就是我们总说的"购物"、"买东西"的过程。现在，还要把网络购物的过程也算上。

那将是一个什么样的概念呢？我是无法想象的。一定是一个非常庞大的数字，无论是交易量还是交易金额。

可是，让我感到奇怪的是，我们对于这样的一个创造巨大交易量的过程，往往更关注的是如何经营、如何管理、如何策略、如何广告宣传、如何并购……

与此同时，却对创造这个过程的主角之一，也就是那些完成这些交易的店员、客服、售货员等人，几乎没有关注，甚至是忽略。

当然，对于另外一个主角，也就是顾客，往往是非常关注，也是所有经营、管理的重点。

是什么原因造成了这天地一样的差异呢？

在经济学的原理中，有一个观点叫"最低价格决定整体价格"。如果，把"价格"改为"关注度"的话，好像也是比较合理的。

因为大多数的店员只是从事比较简单的交易过程，而且，很多管理经营者对店员的要求也比较简单，因此，也就形成了现实的情况。

现在，这样的情况正在发生着改变。

在我参加一次连锁药店的论坛上，关于对店员关注的问题，我发表了自己的观点。

作为产生业绩的终端，店员的水平将越来越大地影响着企业的发展。

无论你是什么样的好产品，什么样的战略，都必须通过店员来实现和落实。

所以，没有购买就没有一切！如果我们不能保证店员可以真正实现交易，所有的战略、管理、资本等等，都将没有任何回报。

事实上，很多企业都开始着手在店员的培养、提升方面寻求更有效的方式。

要知道，如果所有店员的交易能力提升一点，整体的回报将是巨大的，因此，针对店员的任何投入都是最有价值的投资。

我们看到，在很多零售行业，越来越多的企业开始关注店员的培养。类似于"金牌店员"、"钻石销售"、"店员训练营"的活动越来越多。

也确实出现了一大批顶级的人员，他们为企业带来的效益是非常巨大的。

那么，作为一个个体，我们的店员们，或许不能改变整体的状态，但是，却可以改变自己的存在状态，至少可以证明自己的地位，赢得应有的身份认可。

证明自己是自己

于是，这就会涉及一个非常严峻的问题：怎么能证明自己呢？

这和售后客服面对的是一样的问题。怎么证明自己的水平和能力呢？怎么才能赢得足够的重视？

我们都很清楚，就像前面的案例所讲，一个优秀的销售人员如何证明自己的水平一样。作为店员，也需要一个标准。

案例：最好的证明方式

这是我的培训师朋友告诉我的案例。

在他组织的一次行业优秀店员的培训课上，特别介绍了一个店员的辉煌成绩，也请他为大家做经验介绍。

但是，得到的反馈却很意外。其他店员认为这个店员的经验并不突出，所处的业绩和地区、产品、人文环境有很大的相关性。

可能是这个店员有点不服气吧。提出愿意马上验证。

于是，就在培训课地点旁边，正好有当地的一家店面。这个店员就决定现场展示自己的水平。经过简单的介绍和熟悉，他就开始了在这家不熟悉的环境下的推广工作。

结果是让所有参训人员吃惊的，仅仅是半天，3个小时的时间，这个店员就完成了近2万的营业额。要知道，这是一个普通店面所有店员两天的结果。

先不要吃惊，也不要佩服。这是一个"传奇故事"。

恰恰是因为他无法通过其他的方式证明自己，才选择了这样的方式。我们不可能要求每个店员都通过这样的方式来证明自己的水平啊。

如果我们不知道做得好，以及如何做得好的标准、原理。就意味着我们进步的方向是没有标准的，也就意味着我们永远无法达到同样的水平。

这和售后客服的研究背景是一样的。我们必须对这样的交易过程进行研究，找到其中的原理，建立相应的标准，才有可能让更多的店员真正有努力和进步的方向。

名字是柜台型销售

从这个章节开始到现在，我都一直回避"销售"这个词。因为，店员做的工作到底是不是销售工作还需要验证。其中，最大的障碍和售后客服工作向销售转型是一样的，也是缺乏相应的理论系统。

更多的店员所做的工作过程并不是销售工作，而是普通的售货过程，有点类似一个"自动贩卖机"一样，这个词前面就提到过。在店员的工作过程中，这样的状态就更形象和符合实际情况了。

顾客需要什么，店员就给拿什么，然后交钱付款。交易就结束了。这样肯定不是销售吧。

至少，我们应该理解销售和售货的区别，销售是让顾客按照我们的期望来购买商品。这是最基本的标准。否则，店员的价值在哪里呢？

在我研究店员售货过程中，特别关注了优秀店员的工作过程，也特别分析了他们优秀的原因，也确实发现了其中丰富的销售原理。

因此，我要说的是，我所展示的研究成果是针对销售工作的，并不是针对售货工作的。也就是说，只有你想把自己的工作做成销售工作的店员，才有必要学习我所提供的内容。

笔记：

一件事情能做到什么程度，关键是你把它当作一件什么样的事情来做。

根据店员销售工作的特点，我给这样的销售工作命名为：柜台型销售。

当然，这并不是说一定要有个柜台，事实上，这个"柜台"可以是具体的，像我们在店面看到的一样，也可以是虚拟的，像开架式的店面，甚至包括网络销售过程。

其实，柜台是个不错的名字。至少我这样认为。柜台是一个舞台，在舞台上有顾客，也有店员，他们共同在这个舞台上完成了一个个精彩的交易过程。

案例：的确是不同的销售

小R一直在从事快消品的销售工作，也取得了不错的成绩。终于，她决定自己开一家店。为了更好地做好自己的店，在开店前，她特别到其他的店面去做了几个月的店员。她非常希望了解柜台销售的特点，为随后的管理和经营工作提供经验。

刚刚开始的时候，她的头脑里始终是推广型销售的思路，在处理顾客的各种购买的时候，总是像在做正向拜访一样，当然，这样的过程也让顾客非常反感。

后来，经过调整思路，结合自己经验，对拜访方式进行改变，很快就成为了那个店面的优秀人员。

当店长要求给大家介绍经验时，她的观点很简单：

只要你想把卖货过程变成销售过程，把顾客当作客户，利用销售的思路去看待每次卖货过程，就一定可以实现良好的业绩。

互动拜访循环

关于柜台销售的研究是非常多的，我们可以从各种相关的杂志、媒体、资料中看到这样的内容。而且，在很多关于店员的培训课程中，也会有相关内容的讲解。

但是，正如我之前所提到的，对于一个销售工作的研究，必须以销售手段为重点，这样才能避免散乱，而且也可以保证销售人员可以很好地应用。

在所有的销售手段中，拜访也必须是首要和必要的内容。

关于柜台销售的拜访类型，考虑到这个拜访过程的特点，我给它的命名是：互动拜访循环。

> 笔记：
> 互动拜访循环是指拜访双方共同发起，基于产品和合作而完成的相互交流过程，并以销售人员角度形成的模式化成果。

从直观看，柜台销售和推广型销售肯定是不同的，因为那是需要我们主动去拜访客户。但是，这样的拜访过程，好像这样的拜访过程和售后客服的逆向拜访非常相似，都是销售人员等待客户的到来。

实际上，区别却是很大的。

个人认为，最大的区别就是"恐慌的类型"。是的，这样的拜访过程对销售人员的心理要求是不同的。

简单地说，逆向拜访是客户发起的，关键是销售人员并不期望这样的拜访，至少是努力避免的情况。只是，销售的整体特点决定了这样的拜访必然存在。因此，当客户到来的时候，我们是存在一些恐慌的，也就是"门里面的恐慌"。

但是，柜台销售则完全不同了。我们是希望客户来的，甚至希望越多越好。当然，那些正在准备下班的售货人员可能不喜欢吧。而销售人员可是非常希望更多的客户来到这个"柜台"面前。

所以，我在这里还是要特别强调。请大家不要以一个"售货员"的心态来看所有的内容，而是以销售人员的心态。因为，我的内容就是为销售人员准备的。

是的，如果是"售货员"，肯定不存在任何的恐慌。顾客来了，选择了商品，交了钱就结束了；或者是顾客来了，没有找到合适的商品，就走了，也就结束了。丝毫没有任何的恐慌。

从这个角度看，从售货员转变成柜台销售人员的过程，真的就是自己给自己找痛苦的过程啊。

但是，必须清楚的是，任何一种销售人员的销售工作中都会存在互动拜访的过程，只是使用的频率有差异而已。像推广型销售人员在和客户谈合作的时候，当回应型销售人员在和客户洽谈方案的时候，都会遇到互动拜访。不过，有很多时候，大家都会把拜访和谈判混淆。

互动拜访是一个拜访过程，谈判是一个工作方法。互动拜访可能是谈判的全过程，但是真正的谈判往往需要多种销售手段、多种拜访同时构成。这是有差异的。

从事柜台销售的销售人员，对门口或者门口里面的恐慌是不存在的，但是他们对拜访的结果却非常紧张。

因为，其他销售类型的单次拜访结果并不是最严重的，一般都还有回旋和挽回的可能。那些拜访成果并不是直接影响业绩。

但是，柜台销售的拜访就不是了，几乎直接和业绩相关。也可以说，互动拜访的好坏可以直接通过业绩来体现。

这样的压力是非常大的。尤其是以销售思维来做这样的工作。每个柜台销售人员都非常在乎每次拜访的机会，而且都要努力争取最好的结果，而且，很多时候都没有回旋的机会。

推广型销售人员提到：站柜台多幸福啊，因为顾客自己会来买东西，不像我们必须去想办法找顾客；

回应型销售人员提到：你们多幸福啊，来的客户都是买东西的，不像我们都来投诉和退东西的。

于是，柜台销售人员很委屈地说：我们确实幸福！那你们也来试试吧，每次拜访都要产生业绩，这是很"幸福的感觉"。

好了，谁也别"羡慕"别人了，我们还是一起学习这个拜访循环吧。在学习的过程中，我们就可以真正理解每个从事柜台销售的"幸福"了。

在展开我们的拜访循环结构图之前，必须对前面的定义中的一个关键词做个解释，就是"以销售人员角度"。

这是在之前两个循环中不会特别提及的，因为都有明显的销售人员主导的含义。在柜台销售中，因为是双方共同发起的拜访，一个要买，一个要卖，所以双方在拜访过程中的地位基本是一致的。

而我们要强调的是以销售人员的角度考虑。或者说，我们虽然会考虑到客户的因素，但是，主要是为销售人员提供思路。

当然，如果客户也是一个非常擅长互动拜访循环的人，这个拜访过程就非常有意思了，几乎可以成为一个精彩的表演了。

互动拜访循环结构图

到现在，当我们准备把互动拜访循环结构图展示的时候，希望大家可以理解之前所有铺垫的必要。

否则，我们可能对这个循环的理解就会出现偏差，尤其是从事其他销售类型工作的销售人员。

笔记：

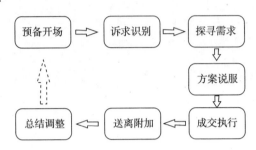

互动拜访循环结构图

第一眼看，就发现这个循环和另外两个循环结构图很像，但是，仔细一看，就会发现很多的不同了。

首先，这个循环是由七个环节组成，之前的两个都是八个环节。

其次，每个环节的名字都不一样，而且完全不同，只是看着有点像。当然，名字不同，要点也不同，要求也不同。

最后，这个循环好像是另外两个的中间体一样，最后一个环节和第一个环节之间居然有个模糊的箭头，既不是完全连接，又不是完全脱离。

这些不同，都反映了互动拜访循环与另外两个循环的重要区别。

不过，相同的是，这样的循环都反映了一种思维方式和思考过程。

在我给店员做培训的时候，总会遭遇这样的问题：这样的拜访循环的结构是凭什么总结出来的。

一方面，我会讲模式化的原理。也就是根据我对很多店员的销售过程进行总结归纳的结果。因为，我发现很多好的店员在完成优秀的销售工作案例中，几乎都会存在这样的思考过程或工作过程。所以，才会有这样的区分。

另一方面，这个循环的形成是三个循环中最晚的，也借鉴了其他拜访循环的一些特点，这就缩短了形成结论的时间。因为，拜访本身就有很多相似的地方。

最后一个考虑是基于销售原理。因为柜台销售的过程具备非常明显的销售特征，因此，对于这样的销售工作也有相关的理论来论证，例如顾客满意、客户需求、分级管理等理论。这些都为确定循环的组成，提供了大量的参考。

总的来说，对于优秀的销售工作来说，这样的循环结构很好地反映了实际销售的过程；而对于其他希望做好柜台销售的人员来说，这是一个具有经验和理论指导的销售过程指引。

其实，在介绍第一个循环的时候，我就说过：我有时真的会怀疑，到底是销售经验形成了拜访循环，还是拜访循环塑造了销售经验。

而且，建立了拜访循环，对于销售工作的意义还体现在其他方面，就是统一了思路。

请看下面的案例。

案例：我的销售哪里有问题

S店长和我交流的时候，就会提到一个他在管理时的难题。

每到工作会议的时候，总是会安排检讨工作的内容。这样的安排，是希望大家通过检讨自己的工作，找到不足和改善的方向。

但是，之前几次检讨会都做得不好。

对于业绩好的来说，认为没有什么检讨的。我的业绩都做得不错了，还有什么检讨的。

对于业绩不好的来说，总会找到一些问题，但是，真正纠正了也未必可以提升业绩，反而会导致随后对这样的过程没有信心和兴趣了。

两种销售人员都会有同样的感慨：我的销售哪里有问题？只是问问题的语气不同。

当然，这是在没有互动拜访循环之前的事情了。其实，这样的问题在我调研的时候总是遇到，这也是我希望研究出一个拜访循环结构的动机之一。

现在，S店长可能非常有信心做好检讨会了。而且，就算是平时跟踪店员的销售工作时，也可以利用这个循环，随时来纠正店员的工作。

这就是拜访循环的其中一个作用。对，只是一个作用。还有其他的作用。

等我们了解了拜访循环的细节，就会慢慢明白，这个循环里不仅仅包括标准和规范，还包含着"什么是好"以及"努力的方向"。

完全不同的讲解方式

不仅仅是拜访循环结构的截然不同，而且，大家还会发现讲解的方式完全不同了。或者说，也确实需要不同的方式。

因为，在实际的工作中，我们发现这个循环的应用是非常丰富的。也可以说，不同的行业，不同的产品，不同的销售人员对每个环节的实际应用，都存在着非常大的差异。

例如仅仅一个开场方式，就会存在很多的种类，而且都有着鲜明的特点。

在网购的时候，可能仅仅是一个笑脸表情；在服装店，可能会首先对顾客进行赞誉；在药店则需要中性的表达，不能随便使用欢迎；在卖车卖房的地方，则需要标准的礼仪；到了书店，店员几乎是不说话的……

如果我们完全从应用的角度来讲解互动拜访循环，就难免陷入各种差异造成的混乱。

所以，我们在考虑如何介绍互动拜访循环的时候，就决定改变原来的顺序：先讲解原理要点，然后再利用案例强化和启发大家。

其实，当我们对原理可以充分地理解，至于怎么做已经不是最重要的，或者说，怎么做都是正确的。

事实上，在互动拜访循环的每个环节都有特殊的原理。而每种应用方式，都是从这样的原理中，结合实际的衍生产物。

大家可以一边学习原理，一边结合自己的实际工作情况来进行验证。你会发现，互动拜访循环是个非常有拓展空间的内容。

还有一些话要再次强调，这和逆向拜访开始时是一样的。

互动拜访循环和逆向拜访循环都是新内容，也是新概念，这就意味着相关的研究还不够深入，很多研究成果还没有在更广泛的验证。

但是，这些内容确实被一些销售人员认同，也在使用。所以，我还是会以特殊的格式来表达，希望能够成为大家的参考。

"成交是天"

在正向拜访的过程中，销售人员需要始终考虑拜访目的和拜访成果；在逆向拜访过程中，则需要对消除动机保持关注。在互动拜访过程中，核心词就是"成交"。

用"成交天大"来描述成交对互动拜访的意义，并不为过。成交意识也一直贯穿于互动拜访的全过程。

而作为互动拜访循环的第一个环节"预备开场"，自然也要先从成交开始谈起。

所谓成交，比较容易理解，就是"达成交易"。

这四个字很简单，实际上包含了至少两层含义。

第一层含义是围绕"交易"的理解；第二层含义是围绕"达成"的理解。

虽然很多人对成交都会有自己的理解，但是，在互动拜访循环中，就很有必要建立适合柜台销售的新理解。

我们需要先了解一下，成交的交易概念。

交易？是的。当一种交易达成了，就算是一种成交。不同的交易达成，当然就会有不同类型的成交。

那么，到底有多少种交易达成呢？也就是说，到底有多少种成交呢？

> 笔记：
>
> 常见的成交类型包括：（如果是合作，就把"产品"改成"方案"）
>
> 推荐成交：就是客户可以比较全面地接受销售人员的产品推荐；
>
> 关注成交：就是客户愿意比较细致地了解产品的各种属性；
>
> 尝试成交：就是客户可以尝试使用产品或扩大对产品的体验感受；
>
> 交易成交：就是客户完成了产品的购买。

因为这个分类涉及了其他类型的互动拜访，所以，在括号里特别提到"方案"，由于另外两个类型销售工作的互动拜访都是围绕方案的。

从这样的内容，我们可以得到什么样的启发呢？

我们是否可以明白一个问题：为什么在这里叫成交，而不是叫产生业绩？

从销售人员的角度看，我们肯定最希望实现"交易成交"。其实，我可以肯定地告诉大家，客户也希望这样。是的，否则，就不再是互动拜访了。

交易成交是柜台销售的最终目的，当然，我们还需要持续的交易成交。

但是，单从一次拜访来看，这样的想法就有问题了。甚至会是严重的问题。

而且，这也是很多柜台销售人员内心很容易形成的误解。

案例：如果从成交的角度怎么看

这是网络上的一个内容。大家可以从成交的角度上来分析一下。

"一个销售别墅的人员，每年给客户打电话36 000个，28 800个会接，11 520个会听他讲，4 608个会有兴趣，1 183个会出来看，737个会考虑，294个会有意向，117个会洽谈，47个想买，成交18个。成交18个单，可以赚200万元。于是，每打一个电话的价值是55.5元。"

其实，如果按照成交的角度来分析，就会发现，这个销售人员把他的成交类型分解成好多种：听、感兴趣、出来看、会考虑、有意向、洽谈、想买、成交。

那么，我们是否可以考虑到他的每个电话应该怎么打呢？是不是要按照这样的步骤来实现呢？这就是不同成交的实现，并最终实现交易成交。而且，有的时候这是连续的，有的时候是跳跃的。

如果他一开始就是为了成交去打电话，我们就大约会了解到，肯定是要完蛋的。一个别墅可不是随便一两次交流就可以成交的。

> 笔记：
> 柜台销售的目的是为了实现交易成交，但是互动拜访循环的目的可以是多种成交结果。

看到这里，不知道各位柜台销售的人员是否应该也考虑一下，自己的销售工作一共有多少种成交类型呢？

或者说，在自己的销售工作中，以上四种成交类型是如何体现的呢？

说完和"交易"相关的内容，下面要谈谈和"达成"相关的内容了。

任何的成交都是有条件的，这是"达成"的重点。

> 笔记：
> 成交的条件主要是两个方面，一个是销售人员实现的条件，还有一个是客户具备的条件。
> 不同的成交结果，需要的条件也是有差异的。
> 成交条件不能实现，相应的成交结果也无法获得。

除了这两个方面的条件，在一些特殊行业中，行业条件和产品条件、政策条件也会非常重要。

但是，因为那些条件和销售工作的关系比较少，属于影响因素，也就不做重点介绍了。这样的观点，可以参照前面关于销售业绩的内容。

而且，由于客户的条件也往往是销售人员很难掌控和改变的，所以，也不能成为我们研究的重点。

关于客户成交条件的内容，属于另外的研究范畴，对柜台销售是有意义的，但是，对互动拜访来说，意义不大。

我们需要争取的是我们可以争取和改变的内容。因为销售是为了提高成交的概率。

当然，不同的成交结果，需要的条件肯定是有差异的。

再次强调，有些成交条件是相似或者相同的，但是，会因为不同的成交结果，形成不同的组合。如果仅仅是达到推荐的结果，可能关于价格、售后的内容就没有必要讲了。

如果成交条件不能实现，相应的成交结果也无法获得。这是肯定的。除非，我们在设计成交条件的时候，设置的条件太多了，已经超出了成交结果的要求。

案例：柜台销售的拒绝用语

作为柜台销售的人员，一定会经常遇到这样的拒绝方式，有的时候，甚至已经成为客户的拒绝用语了。

"这个啊，你不用讲了，我不买。"

"对不起，你说的我不懂，所以，我也没有兴趣。"

"这个东西，我已经有了。"

"我不需要这个东西，你还是给我看看那个吧。"

"……"

柜台销售人员会说，老师啊，这也太客气了吧。实际的情况比这个糟糕。

是的，柜台销售人员也不容易啊。希望大家去买东西的时候，就算不买，也应该尊重他们的努力吧。

当然，我要谈的不是这个意思，而是，需要我们考虑，到底是什么原因，导致客户给出了这样的回复呢？不要再说客户的问题了，也不要再找其他的原因了，其实，就是一个问题：

成交条件没有实现，客户就不会接受成交结果。

有人就问我了，那么，到底都有哪些成交条件呢？

很难回答，因为实在差异太大，我也尝试了很多种归纳总结的方式，都无法整理出最适合的答案。

不过，有一种方式可以帮助我们去了解每种成交结果的成交条件，就是通过几个问题的预设。也就是说，当我们设计了一个成交结果，可以通过问这几个问题来帮助大家梳理成交条件。

问题一：这样的成交结果是什么样子的，都需要哪些条件来描述？

问题二：在什么样的情况下，这样的结果可以出现，尤其是从客户角度考虑？

问题三：为了能实现这样的结果，我应该做什么才能保证？

问题四：除了自己做什么，还需要什么其他的条件，例如资源、环境等？

又有人问了，你到底是在讲成交还是讲"预备开场"啊？

思维跳跃得很快啊。不过，这个内容已经写了两千多字了，也确实有条件来谈"预备开场"了。

> 笔记：
> 预备开场是为了获得各种成交结果而做的各种建设工作，并正式启动拜访的过程。

看完这个定义，我想就不需要再去讲"建设工作"了吧。

只要说说开场就可以了。

相对于其他的开场白环节，这个开场并不算是复杂的。如果确实有一些柜台销售对开场非常重视，是可以参照其他开场白的内容的。

不过，一般情况下，开场对于互动拜访并没有那么复杂。因为，这是双方发起的拜访，比较少见拜访无法启动的情况。即便是客户仅仅是来"随便看看"，也已经证明拜访的启动了。

不过，对于某些行业来说，开场可以成为成交的一部分，也就是说，有些成交条件是需要开场来实现的。例如形象、礼貌、环境、行为等条件对成交非常重要的行业。

大家可以想想，到底有哪些行业的柜台销售对这些内容很看重呢？我举几个例子吧，像食品店对环境的要求、服装店对形象的要求、贵金属店对行为礼貌的要求等等。

因为这个方面的差异非常大，我也在前面提到过了。所以不可能很大范围地展开。

但是，在我们设计开场内容的时候，如果确实需要这些条件的保证，那么，在设计的时候，一定要考虑几个关键问题，否则，就有可能造成不必要的浪费。

问题一：为什么要这样做？

问题二：这样做能创造什么样的成交条件？

问题三：这样的成交条件对什么样的成交有价值？

问题四：以上三个问题的解释是否符合实际？

当然，具体的情况就需要具体分析了。不过，总体来说，必须能很好地解答这几个问题，才能判断开场的设计是必要和有意义的。

特别说明

在考虑成交的时候，要特别识别一种情况：

"有交易无销售"的情况，也就是客户在没有销售的情况下也会完成购买。

对于这样的情况，要特别识别，是否真的存在成交。

例如：药店、超市等。

可能要通过专业的方式进行识别，例如：通过陈列、引导策略实现的成交。

所以，不能完全按照业绩结果来判断交易成交。

为什么分，怎么分？

在我讲解互动拜访循环的过程中，会出现一种情况，就是不断地出现新的问题，而且是越来越深入的问题。

这是互动拜访循环中正常的情况，因为每个概念都是贯穿全部拜访的，在我们没有介绍后面的内容的时候，就会对一些内容不是很理解。

只要我们逐渐把各个内容全部讲完，就可以把所有的问题解决了。

那么，问题又来了，其实，在介绍成交的内容时，很多人就会有类似的问题。

"我们知道存在不同的成交，也知道不同的成交结果需要的条件也不同。可是，到底如何来区分不同的成交呢？"

有经验的销售人员会告诉大家，这是要看客户的具体情况了，要根据客户的情况进行区分。如果一看就知道这个客户是不会购买的，那就设定其他的成交，如果一看就是要买的，当然就要按照交易成交来考虑了。

懂了么？不是很懂。怎么就能一看就知道呢？凭经验还是有标准呢？

案例：各种区分方式

无论是什么样的柜台销售，几乎都要考虑如何区分客户的问题。当然，一些企业也会考虑提供一些标准，大家看看，是否有所参照的标准。

看年龄。不同年龄的人对商品的理解都是不一样的。

看性别。男女对商品的理解及购买习惯都是不一样的。

看经济条件。不同的经济水平的人，对产品的需求是不一样的。

看档次。不同的知识水平，对一些商品的理解是不一样的。

看身份。不同职业的人，不同身份的人，关注的点是有差异的。

看性格。有的人容易沟通，有的人不接受别人的意见。

看经验。还有一些其他的识别方式，甚至考虑到着装、穿戴等等。

……

是否有大家正在执行的标准么？

那么，这些方法都适合么？

至少，我们通过这样的区分方法可以很好地理解：不同的成交结果。正是因为客户的差异，我们就需要考虑不同的成交结果，而且也要考虑不同的成交条件。于是，当我们采用了更针对，更有效的拜访过程，就自然可以获得自己希望的成交结果了。

如果经验更丰富一些，也会考虑针对不同的客户，通过一些方法争取更快获得交易成交的结果。

可是，这样的区分方式真的可以做到么？

在我看来，除了年龄、性别以外，其他的内容都会很难，至少会存在很复杂的识别过程，而且，还要考虑到销售人员是否具备识别的能力。

想一想，一个年轻的销售人员怎么能识别客户的档次或者经济水平呢？

这让我想到一个比较相关的例子。

在我给某个企业的人力资源部门培训交流的时候，就谈到招聘人员的标准问题。

我问他们：你们是怎么来识别这个应聘的人是适合的呢？

他们告诉我：主要包括两个方面，一个是专业方面，一般是有测试和评价的；另一个是素质方面，特别是人品、忠诚度等方面的要求。

我就很疑惑了：人品、忠诚度是怎么识别的呢？

他们告诉我很多方式：例如谈吐、态度、工作经历等等，此外，还有一些巧妙的问题。

我会质疑：这样的方式评价的结果就是正确的么？

他们告诉我：那怎么办？现在应聘的水平越来越高了，我们的方式都已经开始无效了。

我说：那当然了。因为，你们在利用有限的条件来识别无限的结果。如果还是这样的考虑，总有一天，你们就需要测谎仪这样的设备，或者请哲学大师来招聘了。

说这个例子是想表明同样的态度，我们正在让我们的柜台销售人员，按照有限的条件去识别无限的结果。肯定是要出问题的。

我们应该提供一些容易识别、容易操作，关键是可以很快得到结果的方式来区分客户。注意，特别是要"很快"。否则，难道要客户在那里等着，"我们先去分析一下你的情况"么？

案例：服装店的客户识别

以下内容是一个开服装店的学员发给我的内容：

第一种客人是漫无目的的巡视。我会推荐最新的产品，为的是吸引他的注意。

第二种客人是什么也不说，直接拿产品就看。我会推荐最优惠的那个。

第三种客人会询问某个产品的情况，我会让他尝试一下，估计他会买的。

第四种客人会直接拿产品就去买单，我会推荐正在搞活动的产品。

请问老师，这样算不算区分是否合理啊？我已经计划把这样的方式教给其他店员。

我相信，很多人都会对这样的区分方式，给出比较积极的评价。

因为他的区分方式很简单，而且，根据不同方式，也确定了不同的成交方向。这是一个很好的方式。

我们是否也可以借鉴这样的方式呢？

有人说了，我们不是卖服装的，客户的特点也不一样。是的。

但是，这样区分的方式是有原理的。就是"诉求区分法"，也就是根据客户的诉求来进行区分的方式。

> 笔记：
> 诉求是客户表达意愿的方式，其中包括了不同的心理状态，也为销售人员识别区分客户提供了比较丰富的信息。

每个来到柜台的客户，都会通过各种方式来表达自己的意愿，例如"我就随便看看……"、"请问，有没有……"、"这个商品怎么卖啊……"、"这个商品有优惠么……"等等。

当然，有的时候，这样的诉求也不一定是通过语言，可能会通过行为的方式来表达。像买衣服的时候，女士们的方式，就不一定都会说话吧。

这样的购买意愿都会通过各种方式进行表达，而且，都会体现客户各种想法和心态。这些信息都可以成为我们识别客户并区分客户的好方法。

案例：药店的三种客户

在我给药店店员培训的时候，就特别介绍了客户诉求的区分方式。

第一种是带着疾病来的。"我头疼吃什么药啊？"；"我孩子发烧了"；"有没有止痒的药啊"……

第二种是带着成分来的。"有没有这个成分的药"；"我需要补血的药"；"有提高免疫力的药么"……

第三种是带着品牌来的。"我要买×××"；"我要这个药"……

然后，我就会给大家分析，每种患者的特点是什么，为什么会这样表达。同时，针对不同的患者，我们应该如何确定不同的成交结果。

好了，请问大家，你所面对的客户，到底都有多少种表达方式呢？你是否可以也把他们进行一些区分呢？

我们是否已经理解了诉求区分方法了呢？

那么，我们是否也理解了互动拜访循环第二个环节"诉求识别"的内容和要点了呢？

> 笔记：
>
> 诉求识别是指以诉求分析方法对客户进行区分识别，并确定拜访策略的过程。

这是一个比较短的过程，也是必需的过程。而且，我们会逐渐要求销售人员在更短的时间内完成判断，并尽快确定随后如何完成拜访。这就需要经验的积累了。

不过，有了这样的方式和重点，对于新人来说，就有了进步的方向了。

特别说明

A. 诉求识别的过程中，必须与成交结果相对应。不能出现没有成交结果的识别，或者是没有识别方式的成交结果。

B. 确实存在一些行业，在识别的过程中需要进行交流。这和探寻需求是不同的，而是为了明确客户的区分。例如卖车、卖楼这样比较昂贵的商品，往往需要仔细识别。

C. 一定要坚持简单、快捷、可识别的诉求区分。尽量避免需要分析或者涉及一些比较"虚"的标准。

D. 超出诉求区分方法意外的客户，可以按照特殊处理。除非出现频率很高，都不要特别调整原有的诉求分析方式。

客户来买什么

终于到了这个环节"探寻需求"。当然，我们肯定要先梳理一下关于"需求"的内容。

很多销售的书籍或者课程，都会提到需求的问题，也会明确我们需要尽量满足客户的需求。可是，需求是什么？客户的需求有什么？我们应该怎么满足呢？估计就没有太多的人可以说的清楚了。

案例：客户需求的质问

问：客户在购买时候的需求都有什么？

答：价格便宜，质量好，服务好，效果好，包装好……

问：有哪个商品没有这些条件呢？

答：……

问：有哪个商品宣传告诉你，它的以上条件不符合呢？

答：……

问：既然所有的商品都符合这样的条件，那么客户为什么只选了一个呢？

答：……

问：那么，你所做的产品宣传，真的是在满足客户的需求么？

答：……不是吧。

问：请问，什么是客户的需求呢？我们应该怎么满足呢？

答：不知道了。

有这样的话被很多销售人员不断地重复：

客户不想买，总会找到理由；客户想买，往往就是一个理由。

笔记：

定位理论说：客户只听到他想听到的。

这个内容是非常伟大的总结。是我们研究客户的重要的理论基础。

那么，问题又来了……好多问题啊。

客户到底想"听"到什么呢？

不要去问客户，因为客户也说不清楚。这是真的。如果能说得清得，就不需要销售人员推广什么了，他可以直接去选择了。

客户的需求，一般是比较模糊的，但是，也是不复杂的。关键是我们要了解到这样的内容。

所以，我们必须通过"探询"，一方面来考虑如何推荐自己的产品，另一方面也帮助客户梳理了需求。

案例：我终于买到手机了

当我决定换一部新手机的时候，跟大家的方式是一样，就是利用各种途径去了解。

可是，看了很久都没有选上自己满意的。要么贵，要么不知名，要么服务问题，要么兼容问题……而且，越看越贵，越看越高级。

终于，当我到了朋友的手机店，实在是都喜欢，也都不适合。

最后，朋友受不了我的纠结了，就拿出一张纸，问我都希望手机为自己带来什么？

我想了好多内容。朋友就一条条和我确认，同时，也在帮我梳理思路。例如某个功能的使用频率，某个品牌的认可程度等。

最终，他把我的想法整理成三个主要结论：常用功能、电池要强、不能太丢人。

然后，通过他的电脑，进行了必要的筛选。然后，就发现，可以选的范围比较小了，他就推荐了一款价格适中的手机。

终于，我买到手机了。而且，就是我需要的。

通过这个案例，大家是否对客户的需求有了一点想法呢？

有的时候，我们从客户的诉求中，就大约了解到了客户的需求；有的时候，我们就需要通过探询的方式来了解客户的需求；有的时候，我们甚至可以为客户创造一些需求……

是的，是创造一些需求。

案例：新需求带来的新机会

"姑娘，请帮我拿一支 ×××。"

"×××，您是用来治疗皮肤的真菌感染，是不是啊？"

"是的。"

"您是哪里感染呢？"

"啊，是腹股沟啊，这叫股癣。我建议您选择这个产品，×××，因为这个产品是特殊的软膏，使用了 ××× 技术，所以不会污染衣服，只要清水一洗，就可以了。而且，价格也比较便宜。"

"啊，这样啊，这个不错。那好吧，给我拿一支吧。"

这个案例已经涉及了柜台销售的另外一个观点：

> 笔记：
>
> 探询需求有两个作用，一个是了解客户的需求，另一个是根据成交的预期，进行必要的引导。

所以，我们在探询需求的时候，必须要考虑到适当的程度，也不是把客户的需求了解得太充分。要根据行业、产品、企业的特点来考虑。同时，还要根据成交条件来进行。

因为，我们发现，当我们真得深度挖掘的时候，就会出现一种非常奇怪的答案，叫"万能答案"。万能答案对销售是一个非常危险的结果。

所谓万能答案，就是看上去很对，而且放到什么地方都对。关键是怎么听都还有道理。

但是，如果我们仔细推敲，会发现每个人的理解是不一样的，对于实践没有任何帮助。

想想之前我们所说的客户需求都有什么？那些答案就是万能答案。

难道有客户就想买质量不好的么？可是，怎么理解质量呢？每个人都不一样。

难道有客户就要买最贵的么？有，土豪！其实，土豪也不是。

……

此外，我们经常看到的"鸡汤"，其实都是万能答案。

我们要努力！废话。可是什么是努力，到底怎么努力，每个人的理解是不同的。

我们要感恩！废话。可是什么是感恩，到底怎么算感恩呢，就有了很多版本。

……

特别说明

A. 每个万能答案都有客户自己的理解，应该努力了解客户角度的准确含义。

B. 适当地使用专业概念是个好办法，有时是为了表达含义，有时候是为了"专业"。

C. 可以预设一些需求，这要根据具体的行业和产品特点。

D. 确实存在一些客户购买过程非常清晰，一般不受销售人员的影响。应该保持尊重，而不应该强行启动拜访环节。

我们到底在卖什么

在正向拜访中，是什么来决定我们的拜访成功呢？是拜访成果达成。

在逆行拜访中，是什么来决定我们的拜访成功呢？是消除动机。

那么，在互动拜访中，是什么来决定我们拜访成功呢？别说是成交啊，应该成交是结果，而成交是通过一个过程实现的，就是我们现在要谈的内容，"方案说服"。

方案说服包括了两个方面的内容：方案和说服。废话吧。不是，真的是两个内容。

笔记：
方案说服是指销售人员提供的，以顾客满意为核心，通过产品实现的成交方案，并使客户接受成交结果的过程。

好绕啊！不过，这个定义确实值得仔细体会一下，也必须仔细体会才能看懂。

第一个要点是：我们卖给客户的是什么？不是商品，而是以产品为载体的成交方案。

第二个要点是：客户为什么要接受这个方案？不是够好，而是达到了顾客满意。

案例：吸引的是什么？

"先生，您好。"

"根据您的要求，我建议您选择这款地砖。"

"从价格上看，跟您期望的差异不大。"

"关键是这款地砖使用了特殊的涂层，可以防滑，这对地砖来说太重要了。"

"地砖的图案也不错，如果是大面积铺，非常大气。"

"它所涉及的颜色，也非常百搭，不会影响您家具的风格。"

"我们还为这款地砖提供免费安装服务啊。"

"您觉得呢？"

是啊，吸引我们的到底是地砖，还是地砖所表达的其他内容呢？

反正，我是买了。

案例：反正我有兴趣

"女士，您好，您所看的这款裙子，确实是新货，昨天才上架的。"

"这款裙子非常适合您这样的气质，一看就是非常时尚。"

"关键是价格很合理，您可以上网看看其他店的价格，然后再做决定。"

"关键是，我们可以提供很多服务，像改动、清洗，这是网上没有的，也不可能提供的。"

"而且，全市只有我们有这个货，也不多，就几件，希望您选择啊。"

然后，太太就马上回家上网去查了，还做了很多的比较，而且主要是比较服务方面的内容。最终，决定购买（虽然，我凭着大量的营销理论对购买行为进行了反驳，但是，还是被这个方案打败了）。

那么，怎么样才算是最好的方案呢？

必须是满足"顾客满意"。

顾客满意是一套非常丰富的营销理论，其中包括了大量的内容。不过，还是要慎重阅读，因为相关理论是很枯燥的，而且内容也真的很多，不一定能看完。

但是，应该理解顾客满意的要点。

> 笔记：
> 顾客满意的营销定义是：顾客通过对产品（包括无形产品）的可感知的效果与其期望值比较后，所形成的愉悦或失望的感觉状态。
> 拜访定义（本人观点）是：使顾客可以形成持续成交的各种成交条件，在顾客的意识中获得认知的程度。顾客满意是销售竞争的核心内容。

顾客满意的目标是什么？是为了持续成交。也就是让客户可以再次光顾。

那么，如何才能再次光顾呢？一定是客户在意识上认同的程度，程度越高，持续的可能性越大。

那么，客户要认同什么呢？就是我们的成交条件，也就是我们的方案满足客户需求的方式，这些都在方案中体现了。

仔细想想上面的案例，真正让太太购买裙子的因素是什么？是价格么？

要特别注意的是，顾客满意绝对不是让顾客笑了，让顾客赞扬了。不一定。或者说，那仅仅是一个方面的内容。

而且，顾客笑了、赞扬了，但是不再来购买，就算是失败了。

为什么，因为不同的商品所需要的顾客满意要点是不一样的，有的时候，真的会让大家无法理解。

就像是我们去医院看病，一边抱怨着病人多，医生看得慢，一边想尽办法挂号。

再看下面的案例，就更极端了。

案例：是什么影响了客户的持续选择

这是我在一份资料里看到的案例，印象很深。

有人开了一家餐厅，为了考虑顾客就餐方便，开辟了大量的空间作为停车场。结果呢？虽然味道不错，可是并没有出现预期的火爆场面。

后来，老板去听了营销课，当学习了顾客满意之后，茅塞顿开。

他把停车场的区域缩小，增加了就餐区，关键是车位一下子就不够了。

结果呢？天天爆满，还要排号，连网络预约都不得不取消了。

为什么？

如果从理论上讲：这是顾客满意方式的转变造成的。

当然，关于顾客满意的理解还需要更多的学习和实践，这里就不展开了。

特别说明

在方案设计的时候，必须考虑到一个非常重要的原则：全有利原则。

简单地说，对销售工作来说，产品没有缺陷，任何的内容都是可以给客户带来利益的。

关键是我们是否可以建立这样的相关性。

在为客户提供方案的时候，应该充分利用这个原则，最大限度地满足客户的需求。

举个搞笑的例子，仅仅是搞笑而已，大家自己体会。

"人家的产品都是圆的，你的怎么是方的？"

"方的好收纳啊，放到墙角很方便，都不会浪费空间。"

"人家的产品都是方的，你的怎么是圆的?"

"方的多单调啊，圆的多漂亮啊。"

看懂了么? 这就是"全有利原则"。

最后一公里

在一些涉及柜台销售人员的培训中，总会安排一些知识和技能的训练，其实，这些内容都和互动拜访循环中的"成交执行"环节有关。但是，在我调研的过程中也发现，很多类似的培训，好像又和这个环节没有太大关系。

案例：听不懂的产品介绍

我去药店买药的时候，店员特别推荐了一种提高免疫力的保健品。当我考虑了解一下这个产品的时候，店员的产品介绍让我大吃一惊。

她的介绍是从全世界的发病率开始的，然后是非常可怕的结果，然后是产品的原理，然后是产品的作用特点。可以说是从宏观到微观，从分子到电子，从细胞到受体。好在我很想了解他们是怎么来介绍产品的，否则，真的听不下去了。

最后，等她介绍完，我就问了：你们为什么这样介绍产品呢?

她说：这是公司要求的，每个人都要背下来。

我问：你懂其中的意思么?

她说：不全懂，但是觉得挺高大上的。

我问：你们只有这样一种方式么?

她说：是的。但是，好像很少有机会说完。

因为我认识这个连锁的领导，看来我要和他们好好聊聊了。

我想，通过之前的学习，很多人都知道其中的问题了。

这不仅反映了思路上的问题，也反映了在预备阶段的问题。

成交执行环节的实质是根据之前的工作，按照预期的成交成果，在这个时候来实现成交。当然，有的成交是会涉及执行的内容。

也就是说，是什么成交结果，就应该有不同的成交方式，除非只有一种成交结果的设计。

而且，必须根据不同的成交结果来设计合理的内容，即使是背，也应该清楚选择背哪一个。不可能是全都背一样的内容。

所以，在我和一些柜台销售人员共同分析产品销售情况的时候，就会特别关注他们是如何来针对不同成交结果来完成的。

确实发现有一些柜台销售人员只使用一种或者非常简单的分类来完成。而且，即便是按照交易成交设计的，也存在很多的问题。例如案例里的内容，正如店员所讲，她几乎没有机会能给客户介绍完。这样的设计肯定是有问题的。

成交执行是成交的关键环节，如果我们不能设计有效的内容和流程，就可能把之前的所有努力都化作泡影。那就实在太可惜了。

有时候，店员对购买的流程不熟悉，甚至不清楚产品的价格和规格；

有时候，店员连有没有货都不清楚，更不知道怎么完成购买；

有时候，当客户询问一些使用方面或服务方面的内容，店员居然说不清。

大家可以想想，前面的努力是否就要失败了。

关于这个环节的内容，并没有太多需要展开的，因为，只要我们理解了销售循环的原理，就知道应该怎么做了。

但是，往往是到了最后的时候会出现很多致命的问题，而且连回旋余地都没有了。

这就像这个内容的小标题一样，"最后一公里"是大家熟悉的概念。

本来是针对物流的，因为前面的过程都很流畅，只是到了最后环节的时候出了问题，导致全部过程都失败。

也以此提醒柜台销售人员，对于成交执行环节的重视。

特别说明

在设计成交方式和内容的时候，不应该以标准化的内容作为唯一方式，除非是新人。

应该鼓励柜台销售人员结合实际进行适当的调整。

日常的培训训练中，这样的内容是需要强化的。

可以把成交结果与之前工作进行良好的结合，以此作为训练方式。将有利于销售人员的全面掌握。

千万不要在最后的时候，失去成交的机会。

头和尾的价值

有人问我：这个环节为什么不直接叫"送离"，为什么要加上一个"附加"呢？

这就涉及一个很重要的理论，不知道算不算我的原创，就是"头尾理论"。

> 笔记：
> 头尾理论的要点：人们对于事物开始和结束的感受非常清晰，甚至超过事物发展的过程。

如果大家仔细考虑一下自己的经历，可能就会发现这样的规律。

在我们的记忆中，对于很多事情的过程会逐渐淡忘，但是，对于事情的开始和结束的情况会记忆得更久一些，特别是一些感受。而且，我们经常会以这样的感受来评价整个事情。

也就是说，如果开始结束的感受好，就会对整体评价好，反之亦然。

可是，让我们很纠结的是，偏偏过程是我们花费精力和财力最多的，却不如一个简单的开始和结束带来的价值高么？

是的。很多时候，就是这样，除非过程的感受实在太强大了，否则，开始和结束的感受将决定整个过程的评价。

关于这样的观点，是不需要太多案例来证明的。恰恰相反，如果想证明这是错的，确实很难找到案例。

想想我们最近一次旅游，你的评价依据是什么？

想想我们最近一次参加会议，你的评价是什么，为什么？

想想我们出去吃饭的感受，你的评价是什么，为什么？

都会很明显地体现出对开始和结束的感受。

为什么要在这个环节谈这个理论呢？道理很简单。

如果你的拜访全过程是顺畅的，客户也实现了预期的成交，这是很好的结果。但是，如果你的送离没有做好，客户的感受将大打折扣，甚至给出不好的结论。

反之，如果你的拜访全过程是不好的，客户没有获得满意的感觉，甚至是不好的结果。但是，如果你的送离做得很好，将很大程度上缓解之前的不良感受，甚至可以反转。

送离过程将直接体现销售的附加值。

有人问：什么叫附加呢？

案例：人家凭什么多次照顾我的生意呢

"老师啊，我就一个小手机店，位置也不好，也没什么牌子，价格

也没有什么优势，可是为什么那么多人来我这里买手机或者修手机，不就是因为来我这里比较开心、放心么？

"他们买手机，我就帮他们下载软件，或者教老人家使用一些必需的软件。他们有问题的时候，我就马上帮他们修，从来不考虑什么上班时间。"

"您看，这里有茶水，有瓜子，甚至还有很多广场舞的资料，反正这些也不花什么钱，无非是让客人来的时候比较轻松。"

"我这里进的每个零件，我都仔细测试，就是要保证正品。没办法，客人不放心，还能来咱这里么。"

"您说这是附加，我没想过。反正东西都一样，就看谁在卖吧。"

那么，大家可以想一想，你的"柜台"有什么可以让客户再来呢？

是的，在送离的时候，必须为这个过程增加附加值，否则，我们的主动性就会降低。

这就是说，与其让销售人员努力争取好的感受，不如直接在这个环节中明确一些内容。

案例：你的工作任务是什么？

在一家商店门口，有一个美女，穿着旗袍，戴着绶带。每当有客人进来，她会鞠躬说：欢迎光临。每当有客人离开，她又会鞠躬说：欢迎再来。

于是，我就走过去问这个美女：你知道你的工作任务是什么？

她跟我说："就是接人送人啊。"

我又问了一个专业的问题：你对商场销售的价值是什么？

她想了一会说："可能是让客人感觉很受尊重吧。"

我问：只完成一个动作，说两句话，就可以让客人感觉受到尊重了么？

当然，最后这个问题是我问他们经理的。

你真的会送么？

说个和销售不相关的事情。

其实，销售理论都是很朴实的，往往和我们的生活也很接近。

在我们的生活中，我们是否也存在这样的问题呢？是否也可以利用这样的理论呢？

案例：很开心啊！

周末的时候，我来带孩子。真的很不容易，孩子别扭，我也累。

终于，已经听到妈妈开门的声音了。我马上拿出一颗糖，塞到孩子的嘴里。

妈妈进来后，问孩子："和爸爸在一起开心么？"

孩子咂吧着嘴巴，说："很开心啊。"

很好的结束附加！

笔记：

附加设计的方向主要包括：增值和强化。

增值包括：产品增值、成交增值、需求增值。

产品增值：产品可以为客户带来更多的满意体验。

成交增值：成交结果可以为客户带来更多的满意体验。

需求增值：拜访过程可以为客户带来更多的满意体验。

强化包括：拜访强化、品牌强化、价值强化。

满意强化：更细致的拜访设计提高客户满意度。

品牌强化：使客户对产品、企业、个人的认知度提升。

价值强化：使客户在价值效益上获得超预期的收益。

以上的内容是我在调研工作中总结的一些要点，不一定是适合所有行业的，但是可以作为大家的一个参考吧。

特别说明

在送离的时候，应该建立一些明确的内容，也可以是模式化的内容。

在一些行业，已经开始安排专人负责接送任务，这样就更好地保证这个环节的效果。

除了附加以外，涉及销售的服务介绍也可以安排在这个环节，例如新活动、新优惠等。

下次，下次，下下次

在研究拜访循环的过程中，我一直都很喜欢"循环"这个词。

销售工作就是这样的，总是要不停地循环，不断地往复。所以，不用太在意一次的得失，关键是在不断地重复中，自己是否在进步。

至少，在我看来，销售人员的差异，主要体现在每次拜访都能获得进步的机会，无论是教训还是经验。

因此，在这个环节中，就特别选择了这个小标题，就是希望我们理解总结调整的重要性。

笔记：

总结调整是指销售人员根据拜访的情况进行总结及自我建设的过程。

特别说明

有一些企业会利用工作会议的机会，引导销售人员进行销售总结和调整。

有一些企业会建立标准化的销售工作记录方式，强制要求销售人员总结调整。

有一些企业已经开始建立销售经验交流互助方式，利用大家的经验和教训帮助更多人。

可能还"没完"

在互动拜访循环结构图中，有一个非常特殊的情况，就是最后一个箭头是虚线。

很多销售人员会问到，为什么是这样的情况。

因为有一些互动拜访循环是没有结束的，可能还会有再次的拜访存在。特别是购买一些贵重的商品，客户是不可能通过一次拜访就达到交易成交的。此外，有些行业会存在，同一个客户反复来购买商品的情况，这都意味着互动拜访必须考虑这样的情况。

已经有一些行业在考虑这样的情况，例如建立会员制或者是优惠卡方式。可惜的是，这样的方式，主要是考虑如何吸引客户购买，并没有考虑为拜访提供支持。

不过，一些优秀的销售人员却很重视相关的工作，会对一些特殊客户进行记忆，甚至会做成自己的资料，这样就可以在下次拜访中有针对性，也可以提高拜访效率。

大家可以想想自己的经历。当你走进一家店，店员可以清楚地叫出你的称呼，而且了解你的购买习惯，这是一种很好的感受。

同样，如果你重新来到一个房屋销售公司，所有人都按照新客人来接待，你的成交预期可能会重复以前的情况，几乎不会获得新的进展。

互动拜访循环的新发展

首先要提到的就是网络购物平台。其实，这也是柜台销售。但是，从实际的体验中，我发现很多人还没有真正意识到这样的情况，也没有形成销售方式的拜访，至少还没有真正发挥客服的销售价值。

因为本人没有相关的培训经历，所以，就不能说太多的观点和建议。但是，网络销售的竞争必然会集中到终端，终端销售人员的能力也将是发展的最打动力。

其次，要提到的是关联销售。很多柜台销售人员都希望提高"客单价"，也就是如何让一个客户购买更多的商品。也有一些企业进行了设计，但是，几乎都是从优惠的角度来考虑。这是非常危险的。

在我看来，只有建立在"顾客满意"上的关联销售才是有意义的。也就是从满足客户需求到挖掘客户需求。这是为了更好地获得顾客满意。否则，以顾客满意为代价的任何销售工作都是得不偿失的。

因此，需要柜台销售人员与管理人员都要在"顾客满意"方面多些学习和研究，这是在同质化严重的现实中，可以获得更好份额的机会。

最后，是要考虑借鉴和融合的问题。已经出现一些趋势，就是不同的销售人员开始借鉴其他销售方式的经验，特别是拜访循环的融合。虽然，本质上的区别是无法改变的，但是，确实可以把其他拜访循环的特点利用到自己的拜访中，例如环境建设、成交概念、附加概念等等，已经在不同的拜访中被使用。

最终的战场

到这里，关于拜访循环的讲解已经全部结束。

除了正向拜访循环研究比较深入，用了两个章节介绍。另外两个拜访循环都只用了一个章节介绍。

当然，这样的差异并不是代表重要性，仅仅是因为研究深度的差异。

其实，在本书的第一稿中，是做了更深入的研究，也有一些观点。但是，考虑到很多内容没有进行验证，就没有再列出来。只是选择了一些比较有价值的内容，通过"特别说明"传递给了大家。

终端是销售工作的终极产出，也就是最终的战场。

无论是从销售人员角度看，还是从销售企业角度看，在这个战场的胜利都是非常重要的。

销售人员可以在战场上成熟，并成为更优秀的战士或者将领；销售企业可以通过一个一个的战斗胜利来获得整体战役的胜利。

每个战斗都是通过拜访实现的。

随后的内容，我们将开始探讨拜访更高级的内容，就是拜访的原理。

有的原理是在拜访中形成的，有的原理是被拜访借鉴的。

第七章
从菜鸟到骨灰的修炼

（拜访原理）

一切才刚刚开始

"不要以为你已经看到了全部，其实，一切才刚刚开始。"

这句话是我在学习其他内容的时候，一个老师给我们讲的。我也会经常在培训课上讲这句话，尤其是拜访培训的时候。

有的时候，我们通过眼睛、耳朵、体验的方式了解了一些知识和能力的时候，就以为我们已经掌握了它；

有的时候，我们了解了一些知识和能力的全部内容，就以为我们已经看到了它的全貌；

有很多时候，我们就是依据这样的方式来判断这些知识和能力的价值，然后按照自己的判断来决定投入自己的精力。

是的，如果我们是在看一本小说或者是传记，的确可以通过了解主要的内容来看到全貌，然后才会考虑是否细致地阅读；

如果我们学习的是一个技术，的确只要了解技术的过程，就已经可以保证对它的掌握，也可以很容易地复制；

但是，如果是一个系统的思路呢？

就像很多人，仅仅是依靠一两本书，或者是一两个观点，就可以大谈佛法、哲学、政治一样。其实，这些观点连皮毛都算不上。

拜访，不仅仅是一个知识和能力，更不能算是一门技术。虽然，拜访都是以这样的方式来展现，但是，其中的精髓却是和思维相关的。

或者说，我们学习拜访的过程，正是改变我们思考方式的过程。

之前我们学习到的关于拜访的内容，仅仅是一个开始而已。包括我这本书，也都只是把拜访很小的一部分内容展示出来。随着销售工作的发展，更多的想法、更多的观点、更多的理论都会涌现出来。

不过，另外一句话也很重要：

"既然已经开始了，就有可能走到终点。"

在关于销售、关于拜访、三个拜访循环这些内容被介绍完之后，就必须来介绍一些关于拜访的各种理论和观点，这将会使得我们学到的知识，释放出新的光辉。

感谢那些人吧

无论是拜访还是拜访循环，无论是拜访的原理还是拜访的经验，这些都是由无数的销售人员来创造的。正是销售工作的魅力，才让无数的销售人员投身到这个工作中。也书写了很多让人激动的故事。

当然，还有一些人在不停地研究销售，不断地去总结、归纳、验证，把更多新的信息、知识、观点进行传递。这样才使得更多的销售人员可以更快的成长、成熟。

过去的销售工作造就了现在的一切，今天的销售工作又将造就未来的一切。

所以，我们要感谢他们。当然，更要感谢我们自己。

在我们的研究过程中，发现在大量的实践案例中，有很多的案例已经具备提升到理论、原理、原则层面的价值。而且，我们也把这些内容进行了总结。

在我们准备撰写这本书的时候，就已经轻松列出了几十个主题。

当然，我们也很清楚，这些内容都有着不同的价值，而且，有些内容可能只适合某些行业。所以，我们对这些主题进行了仔细地筛选。

我们的筛选原则有几条：一是要具备普遍意义；二是要有足够的经验验证。

为了方便大家对相关内容的理解，讲解的方式也会进行调整，会先把内容列出来，大家先思考一下，然后，才会围绕理解和应用进行展开。

还是那句话。

不要以为我们展示的就是一个内容的全部。

我们只是把最基本的内容进行了介绍，真正丰富的内涵还需要大家仔细的体会和验证。

从招式到套路再到实践

笔记：

拜访策略设计原理要点：

1. 针对客户的销售工作成果主要是由拜访目的和拜访成

果积累形成的。

2. 销售工作成果可以通过分解成若干个拜访目的和拜访成果。

3. 拜访目的和拜访成果的实现路径构成拜访策略。

4. 拜访策略的设计必须结合销售人员的自身能力和资源条件。

5. 拜访策略的设计必须努力争取最高的效率。

案例：如何去做的几种选择

A、B、C三个销售人员同时接手了三个不同的客户，任务却是一样的，都是要开发客户。

从接到任务开始，就已经出现了完全不同的三种工作方式。

A的方式是"旁敲侧击"。他会先选择与产品使用、开发相关的人员进行拜访，并争取他们的认可，最后才会针对决策者进行重点拜访和突破。

B的方式是"有的放矢"。他会对相关人员进行调研，收集丰富的信息，包括客户管理系统的各种关系、责任、流程等，然后才选择最近的路线开始拜访。

C的方式是"一针见血"。他会直接就拜访关键人物或者决策者，然后根据拜访中的各种问题和情况，进行应对和处理。

我并没有把案例的全部信息列出来，特别是他们三个开发的结果。因为，那并不是最重要的，他们的策略选择才是我们更关心的。

从这个案例，我们就会很好地理解拜访策略的概念。就是我们选择了什么样的拜访组合。

如果是你，你会考虑什么样的策略呢？是否也会和他们的选择相似。

当然，不同的拜访策略所产生的结果也肯定是有差异的。这是必然的。

我们并不能完全根据结果来判断谁的策略更好。

道理很简单，结果的差异和很多因素有关。特别是要根据客户的情况来进行判断，不可能有固定的方式适合所有客户。

何况每个销售人员在选择策略的时候，总是要考虑自己的能力水平和资源条件。一般都会选择适合自己，也是自己可以实现和控制的策略。

但是，确实存在更有效率的拜访策略。

有一些销售人员，在整体的情况中，总是会更快达到预期的销售成果。

这其中的原因，除了能力以外，也存在拜访策略的选择。

我们可以分析一下以上三个策略的要点。

A 的选择方式中，对 A 的能力要求重点是建立客户关系的能力很强，可以在比较短的时间内与陌生人建立良好关系。如果客户在管理中是"集权"或"强势"的情况下，就需要调整重点了。

B 的选择方式中，对 B 的能力要求是信息分析和综合拜访能力比较强，可以建立一个拜访环节比较少的拜访策略，往往可以集中精力取得突破。如果客户的管理系统是比较"官僚"或"松散"的情况，就很难按照策略实现。

C 的选择方式中，对 C 的能力要求是拜访能力极强，经验非常丰富，可以面对客户的各种挑战，而且对于单一客户拜访能力很强。如果客户在决策中的作用并不是绝对优势，可能这样的努力就会大打折扣了。

我的案例分析，并不是说哪个更好，而是在帮助大家思考：如何选择更适合的拜访策略。

是的，在选择策略的时候，要考虑的因素是很多的。

尤其是在不了解客户的情况下，很多策略的选择都是有风险的。

不过，如果我们把他们三种策略的要点进行综合一下，是否可以更好些呢?

现在，大家可能终于明白了这个小标题的含义。

一般情况下，每个销售人员都会选择自己熟悉或者是自己可以控制的策略开始。

当发现策略出现问题的时候，就应该根据实际情况调整测录。

所以，策略并不是死的，能够把策略做活，才是真正领略了策略的精髓。

便宜是不好占的

笔记:

拜访利益平衡原理的要点:

1. 拜访目的的实现及拜访效果的持续必须以双方利益平衡为基础。

2. 实现利益平衡的方式包括妥协及改造。

3. 妥协的目标是实现平衡，改造的目标是建造平衡。

案例: 两种吃亏

小 W 因为工作疏忽，直到月末才发现自己负责的店面可能会出现断货。于是，马上拜访了连锁的采购，希望能马上备货。采购表示十分为难，因为这个时候备货会影响企业盘点、结算的工作量，但是表示会通过店面之间的调剂来防止断货。可是，小 W 十分担心，总怕断货带来的问题。好在和采购多年关系，经过她的"死缠硬磨"，采购也不堪"软磨硬泡"，只好答应了。

小 S 发现自己当月的任务指标还差一点，这可是会影响收入的。仔细算算，估计少挣 800 元呢。于是，他决定去找客户经理，希望能多上些货，让自己完成指标。为了能让客户接受，他准备在原有的政策基础上再增加 400 元的支持。这样算来，小 S 还是有收益的。

这两个案例都是在拜访中常见的情况，但是，风险也非常大，因为他们都违背了"利益平衡原理"。

第一个案例中，是客户吃亏了；第二个案例中，是我们吃亏了。

"任何一方'吃亏'的合作，都是不能长久持续的。"

在第一个案例中，我马上和小 W 去拜访了采购，并明确取消了备货要求，对此，采购非常开心；第二个案例中，我反对小 S 的方式，并告诉他随后可能出现的问题有哪些。

小 W 对采购的反映非常吃惊，才意识到这给客户带来的压力有多大；而小 S 了解了随后可能产生的情况，也意识到这样的风险太大了，远远超过了 400 元的收益。

当然，这只是合作的问题。如果是拜访成果呢？

很多销售人员拜访过程中，如果没有达到预期的成果，总是会考虑客户的刁难或者是一些客观的问题。其实，恰恰忽略了利益平衡原理。

"因为，客户接受这个成果的条件尚有差距，无论是明确的结果还是潜在的结果。"

如果我们从这个角度来分析，就可以思考如何做好拜访了。

为了达到"客户可以接受的条件"，我们需要考虑两个策略：妥协与建造。

所谓妥协，就是降低自己的要求，调整自己的拜访成果，当然是自己妥协了；

所谓建造，就是改变客户对这个成果的接受程度，类似于让客户"妥协"了。

总的来说，就是考虑如何达成这样的平衡。要么我让步，要么就考虑怎么让客户认为这样的结果是平衡的。

案例：你准备怎么做呢？

第一次拜访就想让客户能记住自己，这是很难的。

那么，如果是妥协，你怎么做呢？

那么，如果是建造，你怎么做呢？

利益平衡原理在拜访的多个环节都是非常重要的内容。

在正向拜访是需要考虑的，其实，在逆向拜访中的方案设计及说服，在互动拜访中的成交方案的设计与提供，都是需要考虑利益平衡的原理。

不要因为暂时的期望而导致自己"吃亏"，甚至造成客户"吃亏"。何况，有很多时候，这些吃亏还不是具体的标准，而是感受上的吃亏。

就像案例中的采购，虽然从实际上好像并没有什么吃亏的，但是，他需要付出更多的劳动，需要承担更多的风险，甚至可能是领导的批评，这在感受上是吃亏的。

不要忽视很小的吃亏，老话说得好：百里无轻担！

识别和被识别

笔记：

拜访刻意原则的要点：

1. 拜访过程中任何方式和方法的实现都要考虑被识别。

2. 选择更直接的方式总是会更快和更有价值的。

  3. 刻意的设计是基于客户认知进行的。

  4. 刻意和习惯是不断重复的过程。

  拜访是一个短暂的过程，而我们想要的，总是希望更多一些。

  这样的矛盾只有一个方式可以解决，就是效率，如何才能在最短的时间内获得最多的收获。

  如果从销售的角度看，我们应该坚持"稳扎稳打"和"步步为营"的思路，销售终归一个漫长持续的过程；

  如果从拜访的角度看，我们却要想办法更快些、更有效些。

  这样的差异并不矛盾。当然，如果是把这样的想法反过来，可就要让人担心了。

  如何让拜访可以具备更高的效率，也是我们研究拜访案例时最重要的内容。

  于是，我们就发现了"拜访刻意原则"。

  从"刻意"的字面上看，好像有点贬义的感觉。可是，我们实在没有找到更适合的词语，只有这个还比较接近我们的表达。

  由于拜访的时候，需要传递给客户的内容非常多，有产品方面的，有企业方面的，有信息知识方面的，也包括销售人员方面的。那么，都应该考虑如何更快实现拜访目的。

  说实话，在选择案例的时候，我们还是遇到了困难。这些很好体现刻意原则的案例，都有明显的个性化特点。几乎都很难复制，也很担心会误导大家。

  所以，我们考虑使用以下的方式来介绍案例，可能会更适合些。

  案例：如何在第一次拜访就希望客户能记住自己。

A. 根据调研情况，建立共性。例如同学、老乡、邻居、亲戚等等。

B. 利用特殊的场景，例如恶劣天气、特殊时间等等。

C. 使用个性工具，例如个性名片、特殊着装、创意小礼物等等。

D. 制造特殊感受，例如崇拜、敬仰、欣赏等等。

E. 形成可控的矛盾，例如……（很难，一般只有优秀人员可以做到）

F. ……

这些内容是围绕一个成果考虑的。如果是其他的成果，也是可以做很多的设计。

例如让客户了解产品的好，介绍有介绍的刻意方式；试用有试用的刻意方式；体验有体验的刻意方式。

不过，所有的刻意都要考虑一个重要的因素：就是客户是可以识别的。否则，就要白忙活了。

说个笑话。

一个学生考上了北京大学，写信给家人。家人回复：没有关系，虽然是一个市级的大学，也不要灰心，要继续努力啊。

一个人拿着新买的LV包，朋友就戏谑：质量还不错，这要30块吧。

必须考虑到对方可以识别，这样才能体现出刻意的价值。

在拜访演练的时候，总会有销售人员告诉我，其实我已经做了什么啊，难道你没有注意么？我已经表达了什么样的想法，难道你没有意识到么？

拜托，你只是调整了一下坐姿，就让我理解那么多的信息么？

有的时候，刻意和习惯会互相影响。关于这个道理，就没有必要展开了。大家都会理解这样的情况。

一开始是刻意，慢慢地就习惯了；当形成了习惯，又要根据情况进行刻意的设计。

这样的往复，就会造就销售人员的一个大特点：

销售人员是一群非常全面的群体；

客户越复杂，销售人员越全面。

当然，这里所说的全面，肯定不是说知识面，而是指不断丰富的"效率实现方法"。

于是，我们所说的刻意，并不是大家普遍理解的刻意。拜访的刻意是一种方法，是一种思考，是一种设计。

或者，大家可以给出更准确描述含义的名字。

说个轻松的内容，也可以理解刻意的含义。

我们在培训的时候，希望销售人员把自己的特点罗列出来，然后思考如何通过刻意的方式让客户可以尽快识别。

结果，居然有人写到"漂亮"、"帅"、"丑"、"胖"……

于是，我就说了，确实要认识到这样的情况，老天给你的，真的要珍惜。因为，这些特点是不需要"刻意"表现了，已经非常刻意了。

当然，刻意的目的是识别，而识别的目标是建立积极的认知。像胖、丑之类的，还是努力避免吧。

再谈"不要贪心"

笔记：

拜访有限原则的要点：

1. 拜访空间及时间的有限性，决定了拜访相关内容的有限性。

2. 目的有限，准备有限，过程有限，达成有限。

3. 应该避免拜访过程中任何违反有限原则的情况出现。

关于拜访的有限原则已经在之前的内容中，多次提及了。特别是在拜访目的和成果设定的环节中。

但是，这样的原则并不容易被坚持，因为销售人员总是会"贪心"。

或者，有人会把这个原则与拜访效率混在一起，认为利用有限的拜访空间和时间，争取更多的结果，这是正确的。

我总会说：有准备的是可以接受的，如果是不受控制的，则是非常危险的。

在拜访的案例中，会有很多情况都是违反这个原则的，其中最常见的有以下几种，大家也可以自己反思一下。

第一种情况是"目标远大"。

销售人员在设定拜访目的和成果的时候会选择非常"大"的结果，这个"大"往往是不可能在一次拜访中实现的，甚至会把最终的销售结果作为拜访的目的。

这样的情况主要是反映了销售人员在拜访策略上的缺失，或者完全没有拜访策略的考虑，几乎就是"走一步看一步"的想法。

这样的拜访肯定是难以控制的。销售人员茫然，还会造成客户的茫然。

结果是什么都没有得到。即使有，也往往是一些运气或者偶然，要么就是经过很多次的拜访才能取得一点小成果。

在很多介绍"传奇故事"的经验介绍中，经常发现这样的"远大目标"的情况。

第二种情况是"各种可能"。

这样的销售人员最大的特点就是"完美主义"和"超级焦虑"。他们几乎会把各种可能性都考虑到，准备的时候会非常充分。而且是每次拜访都是非常仔细地准备。

有意思的是，他们也确实有非常好的记忆力和应变能力。否则，估计也就做不到这么完善的准备了。

其实，这样的情况是因为销售人员对"拜访主导"的理解欠缺。而且，也容易忽视拜访的重点。在实际的拜访过程中，往往会被客户带着走，很难取得自己预期的成果。

注重技巧的销售人员会经常这样，而且，我们从技巧类的课程中也会发现其中的痕迹。因为这样的内容总会有一些固定的格式：如果（是这样）……就（要怎么做）……或者是类似的表达，就是告诉你各种情况该怎么办的方式。

第三种情况是"倾囊而出"。

这样的销售拜访有两种表现，一是把所有知道的，都想一次就全都说完；二是把所有准备的内容，都要想尽办法全都展示出来。

在这样的拜访中，有一种感觉：好像这是唯一拜访一样，或者是最后一次拜访一样。就像是总担心没有把所有的事情做完一样。

我也总是担心：下次拜访他们会说什么？会做什么呢？

结果是，不断的重复。而且，还有道理啊：重复，重复，再重复，客户就记住了，或者是就接受了。

哎……我很同情他的客户。

第四种情况是"再来一点"。

这样的情况已经在之前说过了。就是总想多得一些成果。于是，当预定的拜访成果已经获得了，就总会想到再多争取一点。

这样的情况真的就是贪心了。可问题是，他并没有特别的准备，完全是随意的。

客户的评价很形象：就像是吝啬鬼一样，永远不知足。

结果呢？要么客户完全不配合，要么真的得到了，又因为没有准备而制造了麻烦。

第五种情况是"舍不得走"。

每当我提到这样的情况，就会在眼前呈现一种情景：销售人员和客户在一个空间里非常尴尬地坐着，大家都不知道该说什么，或者是说些不咸不淡的，类似于天气很好的话。

至少，这样的销售人员是不害怕拜访的，反而是客户很害怕这样的销售人员。拜访过程就像是"精神折磨"。还记得之前那个折磨客户的傻孩子么？

以上这五种情况，都是严重违背"拜访有限原则"的。

我想，通过这五种情况的介绍，希望大家反思自己的拜访工作中是否存在类似的情况。

如果可以，大家也去咨询一下客户对自己的评价，可能更准确一些吧。这个方式，真的可以有啊！反正我是咨询过客户对我拜访的意见。

原地不动最可怕

笔记：

拜访进阶思路的要点：

1. 拜访无法取得进展的情况往往是遇到困难和僵局。

2. 拜访遇到困难和僵局是可以通过转换内容来获得改善。

3. 转换方式包括忽略、跳跃、制造三种。

按照拜访策略原理所描述的，我们每次拜访所取得的结果，都是为了最终实现销售业绩。

所以，每个拜访所取得的成果都是实现销售业绩的一部分条件或者是一个必需过程。

但是，有一些时候，我们在努力实现这些条件的拜访中，会遭遇"僵局"，也就是拜访被一些因素干扰，或者是无法达成必需的结果，或者是拜访无法进行下去。特别是一些客观的因素，几乎无法克服。这就算是拜访僵局了。

在这些拜访僵局中，最常见的是三种情况：
一是客户制定的客观标准无法达到。
二是现实问题无法克服。
三是客户消极，无法进展。

解决这样的问题，就需要拜访进阶思路了。也就是考虑如何使得拜访可以进行下去，而且可以争取获得预期的结果。
具体的方式，可以考虑三种：跳跃、利用、制造。
请看案例。

案例：第一枪就倒下了
当小 P 进到我的办公室，看到他的表情，就知道肯定是拜访工作遇到了难题。
"领导啊，我去找 Y 经理了，他说这类产品必须满足 8 元的进货价，否则免谈。"
"我们的产品，我算了，最低都不可能低过 9 元。他们根本不接受。"
"我找了 Y 经理好几次了，都无法疏通这个价格。"
啊，原来是遇到了拜访僵局。
我问小 P：如果最终可以和他们合作，一共需要谈拢哪些条件啊？
"价格、销量、售后、促销、渠道等等啊。"

我问：其他几个条件为什么不谈呢？

"可是，每次都会谈到价格啊。回避不了啊。"

我说：你是怎么设计的拜访呢？如果就是谈售后，你会怎么开始，怎么控制呢？

"啊？就是谈售后的拜访。我想想，好像有点想法了。"

这样的方式就是跳跃。反正还有很多内容要谈，可以先谈其他的内容。虽然，我们不能确定一定可以最终实现结果，但是，不谈其他的内容，客户都不了解我们的产品，也不了解我们的各种优势，非要在价格上纠缠，那肯定是会有僵局的。

在为一个企业培训的时候，发现他们的业务主要是与国外的客户联系，销售方式也主要是通过电话联系。而且，遇到的拜访僵局也和这个案例相似。

于是，我们就制定了一个策略，就是在与客户交流的时候，至少坚持5次拜访，都不谈价格。然后，为了实现这样的难题，还专门进行了针对性的训练。

在之后一个月的跟踪中，确实发现成交率在逐渐增加。而且，这样的要求对销售人员的能力提升非常有帮助。

他们告诉我的感受是：原来的销售像是小贩，现在的销售像是做生意。

案例：有问题可以是有机会

当我来拜访Z经理的时候，就已经知道他一定会把一个难题抛出来的。就是之前合作企业留下的库存。这个难题已经让很多企业望而却步。

果然，Z经理明确提出，只有解决了库存问题才能考虑合作。否则，新的库存会增加他的压力。

我的态度很明确，以前的库存和我们并没有什么关系，我们也不能替别人"擦屁股"，而且，这也不是小工作量和小成本。除非……

对了，除非是为了我的合作伙伴来处理问题。那又另当别论。如果我们不合作，又怎么可能去一起想办法，如果我们不合作，我的产品没有销售，我又有什么精力来处理问题呢？

最终，合作终于达成，根据我们提出的方案，从价格到销量保证方面，Z 经理都给出了很大让步。

我们没有必要去了解具体的方式，而是当我们遇到了一些困难的时候，必需换一种思考方式：如何让这样的困难成为可以利用的机会。

这就是处理拜访僵局的第二种方式。

案例：那就给他一个机会吧

小 B 是销售耗材的销售人员，他来找我的时候，特别提到他遇到的一个拜访僵局。

W 经理是一家配送公司的领导，当小 B 拜访他的时候，他对小 B 的产品非常认可，也做了采购，但是，货物一直就没有销售过。这让小 B 很着急，也多次拜访 W 经理。

每次，W 经理都表示会全力支持的，只要有机会就一定优先配送他们的货物。一开始，这让小 B 很开心，可是，连续一个月了，还是没有动静。小 B 都不知道该怎么和他谈了。

我告诉小 B，这的确是拜访僵局，既然 W 经理说一有机会就配送，那么，你为什么不制造一个机会给他呢？

小 B 表示，他担心 W 经理会不给配送啊。

我告诉小 B，没有关系，只要你制造了这个机会，无论是否配送，至少你们的拜访内容可以向前发展，遇到什么问题就解决问题吧，总好过在这里僵持着。

是的，这个案例就是在告诉大家拜访进阶思路的要点。

不要在一个环节上纠缠，一定要想办法把拜访进行下去，可以有很多的方式。

注意，原地不动最可怕。

不能第一，就做唯一

笔记：

拜访风格思路的要点：

1. 客观存在拜访的行业风格、企业风格、个人风格。

2. 拜访风格是通过拜访过程中各种可识别的，且相对固定的要素，综合的结果。

3. 建立积极的拜访风格将提升拜访的效率和效力。

从客户的角度看，大多数的销售人员都是差不多的，只有很少的一些可以被特别关注。这就涉及了一个课题：拜访风格。

而且，我们也会发现客观存在这行业风格、企业风格、个人风格。

我们可以从一些销售人员的行为做派就能识别他的行业；如果是相同的行业，也会发现不同企业的销售人员是不同的；如果是同一个企业，每个销售人员的风格也是有差异的。

这些差异，都是我们做培训的时候要特别考虑的。所以，我才认为有必要来谈这个主题。

如果一个销售人员可以形成自我鲜明，而且是非常积极的风格特点，将对销售工作的效率，特别是拜访效率带来很好的促进。而且，很多销售人员也非常希望可以在自己的客户中建立自己的风格。

关于拜访风格的问题，并没有什么案例可以借鉴，我也不想造成误导。不过，有些要点是必需提醒大家的，否则，可能会影响这样的努力。

第一个要点是：风格的形成是在客户的心里，而不在于自己的主观。

这是符合定位理论的。因为风格也是个人的品牌。但是，这样的品牌并不完全在于自己做了什么，而是客户怎么认为的。

我们总会遇到一些情况，销售人员自己认为是个积极、勤奋的人，但是在客户那里却得到完全不同的观点。那么，谁的观点是正确的呢？当然是客户的观点了。

虽然我们都知道，类似于积极、勤奋、诚信、热情、专业、负责等风格都是我们希望的，但是，如何让客户得到这样的结论才是重点。

第二个要点是：风格需要多种因素的建立，更要结合自身的特点。

确实有一些风格是非常有价值的，特别是让客户认为自己是个很严谨和专业的人，非常有利于产品的推广。但是，必须清楚的是，这是多种因素的综合结果，绝对不是一次两次的情况就可以实现的。

而且，还要考虑自己的特点。不要勉强去做自己不适合的风格，除了不容易以外，自己的感受也非常痛苦，这又何必呢。

第三个要点是：不能做第一，就做唯一。

这个观点是在娱乐节目里听到的，非常有道理。如果在一个行业里的销售人员都已经建立了很多不同类型的风格，给新人留下的空间并不大。除非你可以超越他们，这往往需要一些特殊的条件和背景。

如果不能做到第一，就做唯一。这也是个不错的选择。尤其是现在的销售人员年龄都比较小，完全不需要根据"老人"的观点。只要同样是积极的风格，也可以考虑建立其他的风格。例如时尚、购物达人、小吃货、瑜伽高手、小清新等等。

第四个要点是：拜访风格是需要持续建设的。

风格就是品牌。所以，不能以为具备了，就可以放纵了。而是要持续建设。

市场在变，客户在变，拜访在变，不要以为自己的风格是可以永远持续存在的。如果我们不能跟上变化，并持续地强化，慢慢地就会失去风格，并失去这样的优势。

销售人员的风格建立是不容易的，但是，只要你想在这个行业中取得更好的成绩，就不得不努力争取个人风格的建立。

销售工作的性质就已经决定了"默默无闻"是不能容忍的。

那么，请问大家，你的拜访风格是什么呢？

风格的概念，大家可以上网查一查。

不过，我觉得拜访风格的建立还是有很多种考虑的。

第一种是识别风格。例如特定的着装、语言、工具、行为等等。

第二种是过程风格。例如拜访过程、拜访方式、表达方式、说服方式等等。

第三种是认知风格。例如勤奋、努力、诚信、踏实、可靠等等。

第四种是专业风格。例如专业、严谨、其他专业等等。

……

明知山有虎，你还不带枪

笔记：

危机预期理论的要点：

1. 利用经验和分析对销售工作将会遇到的各种问题和危险形成预判，并提前设计好应对的思考模式。

2. 应该形成逐渐适合的危机预期经验。

3. 不同的销售工作都具有相应的危机模型。

我在销售人员中进行过一个调研，题目是：

你的拜访中，有多少是按照自己预期设计完成的。

得到的结果是 19% 左右。也就是说，差不多每五次拜访中，才有一次拜访是按照自己预期设计完成的。那就说明其他四次都出现了影响拜访的干扰。

这样的结果似乎可以说明我们来谈危机预期的必要。

但是，这个调研还没有结束，当我们把各种答案进行分类后，会发现很有意思的情况，对于新人来说，这个比例只有 6%，也就是接近二十分之一；而对于有经验的销售人员来说，这个比例可以达到 60%，超过一半了；其中有几个非常顶级的销售人员给出了 90% 的结论。

那么，问题来了，难道不同级别的销售人员遭遇的客户是不同的么？这肯定是不可能的。那么，是什么原因造成了这样的差异呢？

案例：你到底去做什么呢？

有人问我，案例都是真实的吗？是的。不过，会根据需要选择案例中的重点。

这个案例也是真实的，而且不需要选择，因为，就是针对危机预期的内容。

为了提升销售人员对危机预期的理解，我做了一个比较，并记录了过程。

因为第二天，有两个销售人员都要去不同的商业公司去签合同，于是，我就分别问了他们同样的问题，然后做了录音（当时还没有智能手机），并作为培训资料。当然，他们两个是不知道这件事的。

问题一：你明天去签合同，都准备好了么？

问题二：那么，如果销售经理不在，你怎么办？

问题三：如果销售经理对一些细节还有新的意见，你怎么办？

问题四：如果你去的时候，还有其他厂家的人在，你怎么办？

问题五：等你签完合同，要做什么？

我们来看看两个销售人员是怎么回答的吧？ A 代表一个新销售人员，B 代表一个有经验的销售人员。

第一题：你明天去签合同，都准备好了么？

A：准备好了。

B：准备好了。

第二题：那么，如果销售经理不在，你怎么办？

A：啊，不会吧，应该不会。

B：我已经打电话确认了，因为明天下午有工作会，所以他上午肯定在办公室。

第三题：如果销售经理对一些细节还有新的意见，你怎么办？

A：啊，不会吧，不都谈好了么？

B：我前天已经传真给他了，他都看了，也确认了每个细节。

第四题：如果你去的时候，还有其他厂家的人在，你怎么办？

A：啊，应该不会那么巧吧。

B：如果是这样，我会等一等的，反正他会一直在。

第五题：等你签完合同，要做什么？

A：啊，签完，我想想……

B：我已经和采购约好了，等合同签完，就马上拿过去，他可以争取下午就备货了。

我想不用我再多说什么了吧。我们是否可以理解从 6% 到 90% 的差异原因了吧。

伴随着销售人员的成长，危机预期已经成为习惯，而且，也都会有非常好的应对考虑。

当然，也不要忘记了"拜访有限原则"。

我最后就和案例里的 A 说：明知山有虎，你还不带枪。

下一句呢？

如果你没死，一定是老虎疏忽了。

有眼光，才能看到

笔记：

拜访平台理论的要点：

1. 拜访效果具备平台特征，符合平台理论的研究要求。

2. 销售人员的拜访水平也具备平台特征，也符合平台理论的研究要求。

平台理论是我们在研究和分析案例时经常使用的理论。在这个章节的最后，还是有必要把这个内容进行强化。

当然，我不是为了推广自己的理论，而是传递一种思考方式，使得我们可以从纷杂的案例中找到真正的精髓，并可以从中获取更多的养料。

首先必须要把平台理论与拜访结合的要点列出来。

A. 任何拜访效果都客观存在上限。

也就是说，任何拜访的效果是有限的。这就意味着我们可以把拜访结果进行分解，而且可以分解成有限的情况。

注意，凡是不能进行分解的内容，都是没有意义的，或者是不可控的。

即使是一些务虚的效果，也需要分解成可评估的标准或证据。

例如有销售人员说，整个拜访过程气氛很融洽。那么，就必须列出标准，或者是有什么证据证明气氛融洽了。否则，这就不能算是拜访效果。

B. 每个效果都会与拜访行为和内容有相关性。

也就是说，当我们了解到了一些效果，那么就可以在拜访行为和内容中寻找产生这些效果的来源。反之，如果找不到产生效果的来源，就意味着这样的效果是和拜访行为及内容没有关系的，也就和销售人员没有什么关系了。

例如产品介绍的拜访中，我们认为客户了解了产品的特点，这是效果。那么来源是什么呢？是我们争取到了时间，为客户仔细介绍了产品特点，因为我们介绍得很风趣，客户很认真地听完了。注意，这可不是做了一件事情啊，是多个行为的组合。

这样的连续性，才是和拜访工作有相关性的过程。否则，只能算是猜测了。

通过这样的介绍，大家就能了解，我们是如何来分析和研究案例的。

也恰恰是通过这样的过程，才能逐渐找到其中的规律和特殊性，才有可能形成一些模式化的成果或者是规律性的原理和原则。

不仅仅是拜访本身，销售人员的拜访能力也是有同样的原理。

如果销售人员选择了一个标准作为自己努力的方向。或者是自己明确的标准，或者是以某些销售人员作为榜样，也可以按照平台理论的方法来分析自己需要具备的条件。

你想做得好，就要知道标准，然后就要知道这些标准是如何实现的，然后才是努力去实现。

关于平台理论的内容，大家可以参考另外的资料了。我们在这里只谈拜访的内容。

你脚下踩的是什么

牛顿说过：如果我能看得更远，那是因为我站在巨人的肩膀上。

虽然关于这句话的真实含义，还有很多观点，但是，这并不妨碍我们从正确或积极的角度去理解它。

那么，请问大家，你脚下踩的是什么呢？

如果仅仅是靠自己的经验、经历、思考堆砌的小山丘，而且，即使是一个小山丘都已经很不容易了，但是，这样的高度是肯定不够的。

所以，我们需要去学习，去体验，让别人的智慧成为自己高度的砖石。这样，自己才能拥有更高的视角。

在我们选择理论和原理的时候，确实删除了一些内容，当然，也有一些内容已经在之前的章节中特别介绍了。例如头尾理论、定位理论、顾客满意理论、诉求分析方法等等。

在这个章节中，我们所选择的原理、原则、思路都是拜访本身形成的，也就是最早在拜访中应用的内容。或者将来还可以应用到更多的地方。

还有一些拜访形成的理论，因为缺乏更广泛的验证，我们也没有特别的介绍。

于此同时，确实有一些其他领域的理论也被拜访借鉴了。

但是，考虑到我们对这些伟大的理论都还不是非常深入理解，所以，并没有作为重点讲解。

在这个小标题中，我们将把一些拜访中应用较多的理论内容阐述出来，至少可以成为大家的参考吧。

木桶原理。

可以被使用在拜访策略的设计上。因为销售成果的实现，必须是多条件的保证，而且，整体水平往往是由"短板"决定的。所以，可以根据各种条件的实际情况，特别关注短板的进展，并首先作为拜访工作的重点。

"二八原则"。

在面对多客户拜访的时候，包括多个客户同时拜访的情况中，就需要使用这样的原则，根据客户对拜访效果或销售成果的重要程度进行适当区分，并把更多的精力投入到产出效益最多的少数人。当然，还要考虑兼顾其他人员的资源投入。

SWOT 分析。

这是一个分析拜访可行性很好的工具。也可以帮助我们思考拜访价值。

当然，其中的表述方式可能会有些不同，不一定是优势、劣势、机会、威胁这样的表达。有一些销售人员会使用正面价值、负面价值、获得方式、危机风险等类似的表达。

多阶思路。

"某主任，昨天我看到您去参加义诊活动了，是吧。"

"好佩服您啊，您这么忙，还抽出休息时间去为老百姓服务。"

"这就说明您对患者的健康非常在意，是吧，真让人敬佩。"

"而且，我发现您在选择药品的时候，总是特别关注质量，这也是对病人负责的态度。"

"那么，您看我们这个产品，就是在质量方面具备非常强大的优势，您是否会考虑呢?"

好了，你看到了几个进阶的过程呢?

拜访崩溃思路。

当拜访出现一些严重障碍，甚至导致拜访都无法启动的情况，是可以考虑拜访崩溃思路的。说得简单些，就是矛盾激化的方式。

不过，这样的方式是需要特别设计的，而且需要提前对各种危机进行慎重考虑的，甚至需要提前进行多次的演练。

拜访自燃策略。

对于一些观点和认识存在严重错误的客户，应该考虑通过引导，逐渐让客户自己认识到问题，并自觉调整自己的观点，来适应销售人员的拜访方向。

这是一个非常有意思的策略。往往需要比较复杂的拜访设计，而且也经常需要多人共同配合才能实现。

……还有很多。

销售工作是一种特殊的工作，你几乎没有办法评价哪些知识和能力是对销售工作没有用处的，关键是如何建立相关性。

所以说，一旦你开始做销售工作了，一切也都是销售工作了。

现在，才看到一些风景

如果我们回顾之前的内容，就会发现我们撰写的思路。

当你站在门口恐慌的时候，你重新认识了销售，这时，你有了勇气；

当你重新认识了拜访，这时你有了工具；

当你掌握了拜访循环，你可以进入到这个房间了；

当你理解了理论，你终于看到了房间的风景；

当……

我知道，还不够，我还期待你的凯旋！

第八章
修行在个人
（拜访训练）

如何……

　　既然已经围绕着拜访论述了那么多内容，也把拜访的方方面面讲得比较清楚了。那么，也就一定要涉及一个关键的内容：

　　怎样才能拥有关于拜访的一切！

　　或者说，每个销售人员如何才能具备更好的拜访能力；如何才能更好地发挥拜访的价值；如何才能展示出拜访的所有魅力。

　　因此，在这个章节里，我们要谈的就是"如何……"。

　　其实，这是我们在研究拜访、研究案例时必然会遇到的疑问。

　　我们不仅要分析案例中各种好的和不好的情况，更想知道好的情况是如何形成的。

　　所以，我们在收集案例的时候也会收集不同行业、不同企业、不同个人在学习训练方面的信息。当然，我们自己所做的方法也是重点考虑的。

历时十多年的培训工作，为我们提供了足够宽广的空间，超过十万人次的培训经历也包括了大量与拜访有关的内容。

必须说明的是，即使现在我们可以给大家展示很多学习训练的方法，我们也不能保证到底哪个方法更有价值，也不能保证哪些方法适合谁。

所以，我们只好把这些学习和训练的方法都展示出来，大家完全可以结合自己的实际来理解和选择。

我们最希望的并不是大家觉得我们介绍的内容是有效的。

我们更希望的是，这些内容可以成为一些"粗略的砖块"，可以激发销售人员的智慧，可以结合自己的情况，形成更多的方法和观点。

当然，如果你有了更好的想法，千万不要自己"偷着乐"，而应该让更多的销售人员尝试和验证，我们也很欢迎有一些销售人员可以开始从事培训工作啊。

在过去的几十年间，正是这样不断地摸索、发现、尝试、复制、又摸索的过程，才让销售工作变得那么丰富和充满魅力。

需要特别说明的有几点。

第一点，关于拜访学习和训练的系统还没有可以参照的标准，因此，我们在排列顺序的时候，主要是参照我们在培训中的方式。

第二点，我们选择的方式，主要是基于拜访循环为重点的学习和训练方法，其他拜访分类的方法并没有被纳入。

第三点，每种方法都是存在很多变种的方式，我们只是选择了其中的一种方式，所以，请理解每种方式的精髓，完全可以自行考虑变种。

销售表达能力训练

对于销售人员来说，表达能力是肯定需要的。

不过，销售人员的表达能力是有自己的特点的，这和很多人的理解是不一样的。

销售表达不是为了展示嘴皮子，也不是能说会道，更不是善于忽悠。

销售表达是为了销售服务的，是实现销售目的的工具。

我只能说，能说会道的确是一种优势，但是，并不是决定销售工作的关键。在我们知道的优秀销售人员中，有很多都在"能说"这方面并不是很突出。

当然，说不清话，表达不清自己的观点，这肯定是不可以的。至少会影响销售工作的效率。

因此，针对销售表达能力训练就必须围绕销售工作的需要来设计。

在销售表达能力训练中，主要有两个方面的内容：

主动表达部分和被动表达部分。

主动表达主要是指从销售人员角度，对语言表达和行为表达的要求；被动表达部分主要是指从客户角度，对聆听和识别的要求。

主动语言表达训练方法：

速读法。

可以面对陌生的文字内容，以速读的方式持续不少于1分钟，速读标准至少要超过6字/秒。在整个过程，停顿和错误的次数不超过5次。而且，可以把文字内容要点复述出来，就算是达到要求。

更高的要求是按照10字/秒速读完成1分钟速读，失误次数不超过5次，而且可以把内容要点复述出来。再高的要求，就没有什么必要了。

也可以选择与销售相关的内容，例如产品说明书、产品资料、企业资料、行业信息等。但是，如果是比较熟悉的内容，就必须把失误的要求提高到 3 次。

6 字 / 秒的速读，对于销售人员来说是比较简单的要求，应该是可以实现的，也就是每分钟阅读 360 个字。

这样的训练难点是眼、口、脑的联动，尤其是针对陌生的内容。

对于销售人员来说，能够清楚地听到自己说的，能理解自己看到的。这是表达的基本要求。这也是我们经常采取的方式。

为了强化销售人员可以听到自己说的内容，还可以采取一些特殊的方式。

要求销售人员正常语速完成自我介绍内容 90 秒，要求销售人员在介绍过程中，必须增加一些特殊的字词，而且还是准确的次数。例如口头禅或者是"如果"、"但是"之类的。这个方式的效果是非常明显的，当然，难度之大，也是可以想象的。

主动行为训练方法：
猜测法。
这和我们经常玩的娱乐项目是一样的。

由销售人员随机抽取一些词语，特别是一些虚词，例如开心、快乐、美好等，然后通过一些行为来进行表达，让其他人来猜。

有的时候，还可以让两个销售人员通过设计一个场景来表达这些虚词。

这个方法最重要的环节是总结部分。

猜出来的人必须告诉表达的人为什么这么判断；表达的人必须告诉大家自己是怎么考虑和设计的。这样的过程对于大家理解行为表达非常有意义，而且也非常有趣。

虽然在这样的过程中，并不能保证我们所设计的内容是可以在拜访中应用，但是，确实可以提升销售人员对行为设计的关注。

而且，通过互动的方式，可以帮助销售人员提升识别行为表达的能力。

被动聆听干扰训练方法：

听力考察法。

类似于我们英语考试的听力测试，当然，这是听中文，而且是有干扰的。

选择报纸上的一个内容，以正常语速阅读 3 ~ 5 分钟，然后，要求销售人员可以了解其中的要点内容。

当然，会有适当的干扰。常用的方式是放一些音乐，特别是流行音乐。不过尽量不要放歌曲，因为这样的难度带来的意义不是很大。

如果问题都是围绕内容的，算是基本要求。如果问题存在推理内容，就是需要销售人员根据内容进行必要的推理，那就是非常高的要求了，也会非常难。

听到什么很重要。干扰的部分仅仅是增加一些难度，希望销售人员可以更集中精力。

对于有经验的销售人员，则必须按照推理的题目来考察。

被动识别训练方法：

配音法。

给销售人员播放一段视频内容，但没有声音。要求销售人员根据观看，可以进行配音，而且，要符合实际的情况。

有的企业选择了一段拜访演练的内容，也是没有声音的，也是要求销售人员根据观看，可以进行配音。

在实际的情况中，这样的方式经常会变成很开心的过程。因为各种错误会很有意思。

没有关系，销售人员会逐渐地理解识别的意义，而且，更重要的是在拜访过程中应用这种能力。

通用拜访表达能力

通用拜访表达能力是指拜访过程中需要的表达能力。而且是通用的，也就是各种拜访循环都需要的基本能力。

可是，这样的内容几乎是没有的。

要么就是非常明显的行业特征，不具备普遍意义；要么就和上一个内容很相似的内容，反而太普遍了，并没有考虑拜访的特征。

这让我们非常费力。不停地收集各种训练方法，也进行了大量的尝试，都没有特别满意的结果。

反而是我们在研究谈判的时候，发现针对谈判能力的训练内容可以借鉴，然后，就通过适当的改造，形成了以下两种方法。而且，在实际的应用中，也取得了不错的效果。

关键词组合训练：

基本训练。

让销售人员提前随便在纸条上写上任何的词语，最好是名词。

让销售人员随机选择 2 ~ 5 个词，然后可以通过演讲、讲故事等方式，把这些词全部都用上。而且，越短内容越好。

拜访训练。

在词语选择的时候，可以分成两个类别，一个类别是和产品相关的内容，例如质量、包装、特点等；另一个类别是和客户感受有关的词语，例如喜欢、欣赏、认同等。

让销售人员在不同的词语中分别选择一个词，例如"质量"+"欣赏"。然后，就需要销售人员完成一段表达，最好在 1 ~ 2 分钟长度，要将这两个词建立合理性。

提升训练。

除了以上两类词以外，再增加之前的所有名词，然后让销售人员选择，并争取在最短的时间内将这些词组合到一段表达内容中。例如"质量"+"欣赏"+"手机"。这样的组合该怎么通过一个表达来实现呢？

顶级训练。

这个难度就很高了，也就是在词语的选择中，增加形容词和副词。然后让销售人员选择，并通过一段表达将其中的含义表达出来，例如喜洋洋。怎么能让自己的表达具备这样的特点呢？

这样的训练是考虑提升销售人员对资源的利用以及对效果的控制。

销售人员必须通过拜访把需要展示的资源充分地表达出来，还要达到预期的效果。而且，随着难度的提升，更需要仔细考虑如何做好组合。

这样，可以为拜访带来更多的可能性。也会让客户有更多的体验。

关键词引导训练（单盲）：

基本训练。

提前会有设计好的两类词语，而且，两类词语的跨度很大。

销售人员会先分别选择两个词，例如足球 + 纽约。

然后，就需要面对一个对象（其他销售人员或者是培训师），通过聊天，首先带出足球的话题，然后要很自然地引导到纽约的话题上。而且，作为对象是不知道他的选词的。

拜访训练。

在词语的选择上，第一类词语会选择时事内容或者是流行的内容，第二类词语会是产品的特点优势。

然后按照同样的方式来进行，但是必须是拜访演练的场景。而且，对方是不知道他的选词的。

提升训练。

在词语选择的时候，每类词语要各选择两个。

然后按照同样的方式来进行，也是要求拜访演练的场景，对方也不知道他的选词。关键是要往返两次实现。也就是从一个词引导了产品特点，然后要从产品特点再引导到第二个词，然后再引导到新的产品特点。

顶级训练。

这个顶级训练，我们只做过一次。可是，没有人做到。估计是设计的有问题吧。不过，还是告诉大家是怎么做的。

一共抽了六个词，而且是随机的排列顺序，并要求在拜访演练场景中按照排列顺序完成内容的转换。对方不知道他的选词。

我想，不需要我对这样的训练进行更深入的解释了。事实上，在很多培训内容中，都有类似的训练。

道理很简单，就是要根据不同的情况来引导拜访进程。特别是不能直接表达的诉求情况下，如何将拜访重点进行引导。

说个题外话。

和销售人员聊天的时候，千万不要以为瞎聊的话题是随意的，其实，可能都是销售人员在引导着的。

至少我希望聊的内容，总是会有办法把大家引到那个地方的。

那么，如果一群销售人员在一起聊天会是什么情景呢？哈哈。

他们只会聊一个内容：销售不好做！

拜访思维训练（拜访循环）

拜访循环并不是唯一的拜访模式化成果，还有其他分类的方式。

但是，通过模式化的强化，是非常有意义的事情，将会使关于拜访的交流、思考、评价、发展、提升都在一个统一的框架内进行。关于这个理解，已经在前面的内容提到了。

所以，必须通过拜访思维训练来强化这样的模式。

目前，最常用的，适用面最广的，确实是拜访循环这种模式。相关的训练也是围绕拜访循环来设计的。

拜访记录及复述方法：

关于这个方法，已经在前面的内容中，特别介绍了，就不需要再重复了。

但是，有一个要点是必须强调的。

无论是记录的方式还是复述的方式，都必须以拜访循环结构的方式来进行。千万不能搞成"故事会"。

而且，在进行纠正和指导的时候，也要按照拜访循环的方式来进行。千万不能搞成"传奇故事"或"万能答案"。

拜访设计训练：

这个内容和记录、复述的方式会有点相似，不同的地方是，这样的训练是在拜访前来做的。特别是针对新人有明确的要求。

拜访设计要求按照拜访循环的结构，根据拜访目的和拜访成果的预设，完成拜访相关内容的各项细节。

这样的方式，可以从新人开始拜访就养成这样的习惯。

对于其他销售类型的拜访设计也可以做到，只是重点和设计方式有所不同。

拜访设计训练的关键是在检查和指导的时候，对环节的理解以及对不同拜访循环的要点，必须重点关注。

全景演练训练：

所谓全景演练，就是指按照拜访循环所有环节，用正常进行的方式，完成拜访演练。

特别注意的是，必须考虑如何检查非展示部分的内容，例如准备和总结环节。

全景演练应该是多名销售人员共同完成的过程，一般会提供一个题目，让大家经过讨论和设计以及排练后，才能完成的。

在评价的时候，也要对所有环节内容，以及环节要求进行评价。销售人员也应该根据要求，尽量在拜访演练中，充分展示所有的细节。

全景演练几乎是不存在的，特别是需要把所有的细节都展示出来。这个过程更像是表演。

但是，这样的训练方法却非常有意义，可以让销售人员对拜访的各个细节都有思考，而且，经过演练之后可以形成一些体验感受。对于拜访中的实际应用有很大的帮助。

陪同拜访检讨：

陪同拜访一般有两种作用，一是对工作的检查和跟踪，这属于管理范畴，二是对销售人员的拜访指导。

同样是拜访指导，陪同拜访也有两种方式。

一种方式是以销售人员为主导，或者说是以新人为主导的拜访。在这种陪同拜访中，陪同的人是不能说话的，只是负责观察。等到拜访结束后，才会进行有针对的指导。

另一种方式是以管理者或者说以优秀销售人员为主导的拜访。在这种陪同拜访中，新人则是不能干扰，除非必要，都不能说话。等到拜访结束后，才会进行交流和指导。

通过陪同拜访可以很好地提升销售人员的拜访水平。

关键是按照拜访循环的模式来指导。

无论是为了管理，还是为了训练。都需要陪同拜访。但是，实际的操作情况往往是混乱的，特别是没有坚持陪同拜访原则和纪律。

总有人在陪同的时候"忍不住"，特别是管理者或者是有经验的销售人员，一旦发现问题，就会忍不住发表意见。这样不仅影响拜访人员的状态，也会影响拜访效果。

拜访实践训练

既然是"实践"，就是说要和实际的工作进行结合。

我们学习训练的最终目的是希望销售人员把自己的收获，应用到实际工作中。

所以，以下的内容，并不都是以学习训练的方式来体现的。有很多时候，是销售管理的内容，甚至是制度的要求。

拜访成果实现设计及演练：

虽然我们在具体内容中，提到了很多的拜访成果。但是，在实际的拜访工作中所涉及的拜访成果并不复杂。尤其是在特定行业、产品的前提下，需要实现的拜访成果并不会太多。

因此，很多管理者会利用管理的方式或者是训练的方式，让销售人员围绕一些常见的拜访成果，再结合具体的产品和客户，来完成拜访设计或者演练。

例如让客户对销售人员建立好印象、让客户可以了解产品的特点、让客户可以认同产品的优势等等。

通过这样的设计和演练，可以让销售人员在具体工作时有一些参考，而且，有些方法可以提前练习熟练。

特别是逆向拜访和互动拜访，由于工作涉及的产品和客户特点都相对固定，这样的训练结果可以直接应用在拜访中，意义就更大了。

需要特别提示的是，因为是实践训练，就必须结合实际。可以按照拜访循环的模式来思考，但是，一定要以实际情况来调整，哪怕是特殊的环境和特殊的背景，都要根据实际情况来考虑。

拜访策略的全案训练：

这是和"拜访策略原理"结合的训练。

其实，已经不是训练了。

在很多销售管理的要求中，都会有围绕新客户或新市场、新目标进行的拜访策略的制定过程。销售人员必须把从首次拜访到达到最终目的的拜访策略设计出来。管理者也会对这样的方案进行指导和修正。

不过，至少我们在一些关于拜访的培训课上，也会安排类似的训练内容。也是把拜访策略的全过程设计出来，然后进行指导。

有些销售管理者所做的事情和这个方法很相似，但是，在没有拜访理论的指导下，会比较混乱。那么，现在就可以根据拜访理论和拜访循环的内容来规范这些工作了。

拜访问题交流：

这个方式是在销售人员经历中最常见的了。

就是大家围绕一些拜访中的问题和困难进行交流，并互相提供一些建议和方法。

所以，具体的形式就不需要特别介绍了。

但是，仍然强调"拜访循环模式"的作用，没有一个框架的交流，难免造成混乱无效的状态。

拜访水平训练

在我们对销售人员进行拜访训练的时候，总会遇到这样的问题：如果我想更好一些，有什么具体的训练方法么？至少可以验证一下自己的水平啊。

正如我之前所说的，关于拜访的评价体系并没有完全形成，因此，也就很难明确拜访水平的高低，目前我们选择的标准还都有一些缺陷。

但是，我们也发现一些学习训练方法中，只有优秀的销售人员才能应付，而且做得越好，整体的水平也越高。

所以，就把这些本来是训练的方法展示出来。

要特别提醒的是，这些仅仅是训练方法，并不是对销售人员拜访能力的评定，所以，即使你做得不一定好，也不能证明你的水平不好。

拜访难题训练：

首先是难题的收集，主要有两种方式，一是把具体的难题收集起来，这不难，大家的难题一定很多；二是设计一些难题，这往往需要培训师或者有经验的销售人员来做了。

然后，会让销售人员来思考如何解决这些难题，并提出实际有效的解决方案，必要的时候，可以通过演练来验证。

这样的方式是培训课上经常使用的方法，重点是考察销售人员对拜访理解的程度。

不过，由于不同的行业所遭遇的难题是不同的，所以往往需要行业内的人来进行。

当然，有一些共性的难题也是可以借鉴的，例如拜访中的"冷漠客户"或"笑面虎客户"，这些可能都是大家比较头疼的客户吧。

危机单盲训练：

这是一种非常特殊，但是很有效的训练方式，确实对销售人员的拜访能力有很大的考验。

首先，销售人员会拿到拜访的目的或成果，完成拜访演练。

同时，配合演练的人员会拿到另外一个内容，就是各种危机。例如就是不同意、突然离开、谈及其他事情、外人干扰、电话干扰等等。

这样的危机设计，对于销售人员来说是不知道的。

那么，在这样的拜访中，就会出现紧急情况，这就要考察销售人员的应对能力了。

这样的方式是经常被我们用来评定销售人员拜访能力的主要内容，至少会在评定分数中占有较大的比重。

拜访水平和拜访经验非常丰富的销售人员都可以非常好地应对这些情况。

拜访理论训练

在实际的培训工作中，几乎没有针对拜访理论的训练内容，因为所有的理论都已经融合在其他的训练中了。其他的训练不可能不涉及拜访理论的。

我们会有很多关于拜访理论的学习课，主要是让大家理解。

不过，在学习的过程中，我们会选择一些特殊的培训方式，为的是提高大家应用理论的能力，虽然算不上训练，也可以作为一个方法提供给大家参考吧。

同题多解训练：

这个方式用得不多，我们也只是用过几次。

第一步是为销售人员提供一个拜访中的难题，需要销售人员去思考解决方式。

第二步是要求销售人员按照特定的拜访理论来考虑解决方案。

第三步是要求销售人员按照其他的拜访理论来考虑解决方案。

因为同样的问题，按照不同的拜访理论就会有不同的思考过程，因此，对于销售人员的理论水平很有帮助。

有的时候，从表面上看，是一种方案解决了问题，实际上，可能却是完全不同的思考过程。这也是拜访理论中的精髓所在。

拜访专项技能训练

除了以上的训练内容外，还有些训练内容是有明确针对性的。有的是针对明确的销售类型，有的是钊对明确的行业，有的是针对明确的企业。

但是，其中有一些内容还是值得大家借鉴的，完全可以通过变通成为自己可以尝试的方式，所以，我们也把其中有代表性的内容列出来。

氛围调剂训练：

作为推广型销售人员，这样的技能是非常必要的。

第一步是销售人员会先拿到一个题目，也就是拜访目的或者成果，同时，题目里面会有指定的要求，有的时候是一个故事，有的时候是一个笑话，有的时候是一则新闻，甚至会是一句特定的话。

第二步是销售人员按照拜访目的或者成果来完成拜访演练，并且要求非常自然地把指定的内容在拜访中展示出来。

除了这样的方式以外，在一些销售管理工作中，会在销售人员拜访前，就明确一个特定的内容，要求销售人员在拜访中去实现。

这种能力是非常有用的，特别是在拜访中遇到氛围不好的情况下，可以非常好地调剂氛围，为拜访的进展提供强大的动力。

很多销售人员在这个方面都是比较欠缺的。需要特别训练。

而且，已经出现一些新情况，就是互动拜访和逆向拜访也开始考虑进行这方面的训练。因为，这两种拜访也非常需要这样的内容来改善拜访氛围。

方案语术训练：

在回应型销售和柜台销售中，因为客户的特点都相对局限，所以，所需要提供的方案也往往是常用的，因此，很多销售管理者都会对方案语术进行特殊的训练。

所谓语术，有的人认为应该是"语束"。其实都有一些道理。就是如何说和说什么的问题。而我更倾向于"语术"，也就是怎么说的问题。

一般都是先把一些方案的细节要求销售人员熟悉，然后根据不同的情景要求，让销售人员来把这些方案提供给客户。当然，必要的时候，还会有一些专门设置的障碍。

特别是一些承诺方案和关联方案，往往需要销售人员非常多的训练。事实上，这方面的训练并没有获得足够的重视，也说明了两种销售类型在这两个方面做得不够好的原因了。

再次强调，对于特殊的方案必须要进行强化训练，特别是语术训练。否则，当真正遇到了情况和机会的时候，销售人员可能根本没有能力做到。

换位体验训练：

这样的训练方式，并不新鲜了。很多销售管理者都使用过。

常见的方式有几种。

一是通过与客户交流，充分理解客户的需求和想法，以此来改善自己的拜访工作。

二是安排一些特殊的演练，重点体验客户在拜访过程中的感受。

三是设计一些拜访项目，让销售人员去当客户，去"折磨"其他不知情的销售人员。

四是邀请一些合作伙伴或者是特邀的客户，通过有针对性的拜访，了解销售人员的实际情况。

这样的方式都是可取的，也可以很直观地了解拜访中的各种问题，使得拜访效果的提升和改善与工作实际更接近。

小心"黑暗训练"

一看到"黑暗"两个字，相信大家都是很熟悉的，像"黑暗料理"、"黑暗演讲"、"黑暗游戏"等等。

那什么是黑暗呢？怎么识别黑暗的特点呢？

在我看来，所谓的黑暗，主要是对事物附属的内容进行了极端的强化，甚至覆盖了事物的本质，并且能够带来短暂的收益。这样的过程都应该算是黑暗了。

例如电影里所提到的黑暗料理，其实就是忽略了菜品本身应该具有的味道，而是通过特殊的加工或者特殊的配料，形成了与菜品本身不大相关的味道，一般吃起来都会有非常特殊的感受，甚至感觉还挺好吃。实际上已经和菜品本身没有关系了。

当然，在我们的身边还存在很多的黑暗模式。

像黑暗培训。培训师更注重氛围的营造，更注重"鸡血"，更注重热血沸腾。反而忽略了培训内容的实效性。参训的人员虽然很激动，但是，并没有获得有益的提升，甚至出了门就忘记了。我们也可以在一些"传销"或"忽悠"类的活动中找到这样的案例。

像黑暗训练。我们在电视上看到一些"折磨人"的训练方法，让人与不熟悉的路人进行互动，或者是完成一些刁难的任务。还美其名曰"组织能力"和"沟通能力"。其实，整个过程和这些主题没有什么关系。如果是娱乐大众，完全没有问题，但是如果用在销售人员的训练中，就非常无聊了。

所以，我也会建议很多销售人员，在接受这些训练的时候，要知道怎么识别。一般情况下，只要关注一些重点就可以很好地识别了。

例如训练的理论基础是否完善，训练的预期效果和训练内容是否存在相关性，训练的思考部分是否充足，是否允许反对或者质疑等等。

其实，更多的销售人员都是具备很好的识别能力的。因为，销售人员的全面性，已经保证了他们是一群最难被忽悠的人。

所得，所做，所想

所得，好像仅仅是个结果而已。似乎不是很重要的。

其实，结果很重要，特别是对结果的描述，这决定了方向和标准。

所做，就是我们实现结果的行为。从这本书看，应该就是拜访。

其实，还应该增加针对拜访的学习和训练。

所想，是我们思考的过程，重点是如何让所做可以更快、更好地实现所得。

当然，还要包括各种知识的积累。

无论是任何一个内容都不是自然形成的，一方面是需要经验的积累，另一方面则是通过学习和训练。

两个方面都是一样重要的，千万不要过分强调单一的价值。那会是很危险的。

对于销售人员来说，无论是参与训练的机会，还是自己学习和训练，都是非常必要的。

而且，认真去做训练是进步的关键。否则，这样的训练就成为了负担。

就像上学的时候，总是认为作业是负担，于是对于很多人来说，都没有发挥作业的作用，只好另外去做参考书。

而真正的学霸，大都会对作业非常重视，这样就可以节省大量的精力。

当我们意识到拜访的价值，也认识到各种训练的重点，也就具备了成为销售"学霸"的思想准备。

然后，就让我们一起努力吧。

"大禹治水"新思考

（代后记）

这个内容是我在公众号上发的，也是我在很多培训课上提到的观点。

当我在苦想如何写一个有价值的"后记"时，发现这样的内容对于我想表达的内容非常符合，于是，就把这个内容复制过来。就算是一个后记吧。

大家都知道"大禹治水"的故事。

在舜的时候，黄河泛滥，最早是派鲧去治水，他的方法就是堵，哪里有水，就在哪里堵，结果，虽然堤坝越来越高，还是没有办法挡住越来越高的水位，最终导致更严重的泛滥。于是，舜又派了禹去治水。我们都知道，他是通过疏通的方式来治水，并在多年后把黄河水引导到了大海，实现了非常伟大的成就，并最终成为"大禹"。

在这样的过程中，我们更容易记住的是"三过家门而不入"、"三年不知肉味"等故事。可是，有一个问题却没有人关注过，这也是我在培训时突然想到的问题：

"第一天，大禹做了什么？"

是啊，我们虽然知道几年后的结果，但是当大禹来到"水利部"时，他是怎么做的。

也可以说，他是如何从一个糟糕的情况开始做到最好的结果的呢？

是的，第一天。我们虽然不知道实际的情况，但是，一定可以大约猜测到一些情况：

一条河已经泛滥，否则鲧是不可能被炒鱿鱼的；

另一条河已经很危险了；

没有人可用，没有工具可用；

关键是他准备疏通的渠道还没有开始挖呢。

我想，一定还有更多的困难。那么，面对这样的局面，大禹首先做的是什么呢？

如果不管现实情况，而是马上按照疏通的想法来挖渠道。那么，估计大禹很快就因为民情沸腾而被杀了。

如果还是按照鲧的方式，那么也将步他的后尘啊！

是啊，每个成功的人都有第一天，甚至他的第一天的情况比我们每个人的现实情况更糟糕。可是，他还是获得了成功，那么，我们是否考虑过：他的第一天是如何决定的，是如何做的呢？或者，我们想清这个问题，也可以看到自己获得改变，赢得未来的启发啊。

以我的分析，大禹的第一个决定一定是和鲧一样的——堵！

是的，必须先堵，否则，现在的问题都解决不了，皇上马上就会杀了他，那样，连第一天都熬不过去，何谈疏通的事情呢。

但是，我相信，他堵的方式一定是有差异的。

一则可以根据疏通的要求调整堵的方向；

二则可以根据疏通渠道的要求来挖土，一边堵，一边挖渠道；

三则对不同的堤坝给予不同的态度，有的是现在的，有的是将来的；

……

是啊，我们很多人都有远大的理想，于是，就开始按照远大理想去努力了，却不注重现实的情况。

也有人，总是以远大理想作为逃避现实的理由。

当然，一直执着于现实的人，也很可怕，动不动就以现实的困难作为不改变的借口。

我们看到黄河的流向是很奇怪的，是一个巨大的"几"字形。难道，大禹不知道"两点间线段最短"么？知道，但是，总会有现实的压力和困难使他不得不暂时调整自己的步伐，甚至会存在倒退的情况。

我们看看黄河的九九八十一个弯，就能理解大禹太多的无奈和不得己了。

但是，大海的方向没有变，所有的障碍都没有妨碍大禹最终把黄河水引到东海。

所以，我总说：不要指望一朝觉悟，而要不断改变，不断进步。

也许我们一直都没有机会走到大海边，但是，只要我们的心里有那片大海，就一定可以走到，至少在一点一点靠近。

否则，和拉磨的驴有什么区别呢？

是啊，就是拉磨的驴啊。

很多人总是抱怨现实，总是抱怨别人成功的各种理由，但是，自己却在那里拉磨，一直在原地打转。这样的状态，纯粹是为了现实生存，还美其名曰"珍惜当下"。既然如此，不如出家当和尚吧，就不要在社会中奋斗了，何况，那些和尚也在为了觉悟在争取每天的进步啊！

那么，无论今天的你有多么困难，都没有必要沮丧，因为这可能是你成功的第一天。你的大海在哪里呢？你知道么？如果还不知道，首先要考虑的是找到自己的大海吧。如果知道，那么，还有什么问题可以阻碍你的进步呢？

　　当然，看到现实，这是一个起点。不要让自己的第一天就死掉。

　　大禹告诉他的所有属下说：堵！我知道然后该怎么办！

　　我想，我们希望告诉大家的都已经说得很清楚了。

　　销售和拜访的进步也是一样的。

　　就像那些希望觉悟的和尚一样，一边努力的修行，一边争取顿悟的机会。

　　你可能无法成为"大禹"，但是，你可以成为一个最接近大海的人。

附录
销售手段研究成果简介

在之前的内容中，我们特别提到八种销售手段，这些手段和拜访一样发挥着独特的作用。考虑到其他的销售手段和本书的主题并不相关，所以就把这些内容归到附录中。我将会对其他七种手段进行介绍。

在附录中，将改变讲解的方式，只是把销售手段研究过程中形成的重要观点和结论罗列出来。

我不可能把每个销售手段的研究细节展开，因为每个销售手段都具备非常丰富的内容，都和销售工作息息相关。这些内容都不是简单的几个课程可以讲全的。

我非常希望所列出的要点，可以帮助销售人员更好地理解每个销售手段的丰富内涵，可以更好地利用这些销售手段提升自己的销售工作水平，也可以说，销售人员的销售水平就是由八个销售手段组成的。

需要特别提醒大家的是，以下内容仅仅是个人研究和思考的结果和结论，这并不能真正展示出每个销售手段的全貌。

此外，当我们在某个手段上能有更先进的思考，将对整个销售工作都有很强的推动作用。

事实上，很多全新的销售方法都在于不同销售手段的组合，而更有价值的销售方法都伴随着销售手段的创新。

我经常和销售人员讲，虽然每个销售手段对销售工作都是必要的，但是，应该努力结合自己的特点在某些手段的应用上具备更深入的思考。这样，不仅可以提升整体销售工作水平，也可以促进其他销售手段的进步。

有句话值得大家思考：如果你认为它就是它，那么，它真的就只是它！

销售手段——记录

1. 记录是把销售工作的信息进行保存的工作，也包括对信息的展示、汇报等内容。具体的方式包括纸质、电子、记忆、幻灯、云等。

2. 记录必须结合销售工作的思考来进行设计，脱离销售成果的分析、指导、推动的记录工作将会大量地消耗资源。而不能被利用的记录内容也将没有任何价值。应该建立对工作记录和记录内容的利用和评估体系。

3. 因此，通过对销售人员的记录内容和方式的分析，就可以了解到销售人员工作的整体思路。而没有良好的记录习惯和记录方式的销售工作，将不会有高效的销售工作。

4. 一方面我们希望可以建立记录工作的模式化成果，使销售工作的各种信息可以被充分地利用；另一方面，没有发展空间的模式化成果，也将会限制创新思想的形成。所以，任何的记录方式和记录内容都应该有营销理论作为基础，并伴随着理论的变化而进行调整。

5. 记录方式应该适应互联网时代的发展，使得记录的信息可以更快被利用，更好发挥应有的作用。

6. 销售人员应该重视记录，并坚持依据记录内容来进行分析和决策的思想意识。其实，很多时候，所有问题的答案就已经存在于我们的工作记录中，只是在于我们是否让这些工作和内容真正发挥作用。

销售手段——执行

1. 执行是根据销售工作的需要、销售管理的要求或者是达成的销售成果，按照一定的规范、流程、程序完成指定的工作，并获得结果的过程。虽然执行和做事情都是按照规范、流程、程序来工作，但是并不完全一样，执行更侧重于获得工作的结果。

2. 执行力是销售人员执行的能力。但是，执行力本身只能反映销售人员执行的情况，属于一个"症状"，并不能直接获得提升。执行力是有动力、能力、合力三个力共同作用的结果，任何一个力不能达到要求，都会反映出执行力的欠缺。应该从三个力的完善来改变执行力的结果。

3. 最大的动力是：销售人员对于自己所做的事情将会获得的结果是信任的，信任程度越高，动力就越强大。

4. 执行的效率和效力是保证执行结果的关键。改善执行的流程、规范、程序是提升效率的方式；改善决策、制度、评估方式是保证执行结果的方式。

5. 从销售管理者的角度，应该通过更多的方式，包括创新的方式来努力提升销售人员执行效率和效力；从销售人员的角度，应该结合销售工作的发展，完善执行需要的各种能力水平，提高执行的效率和效力。

6. 利用分级管理、工作模式化、项目管理等重要观点和理论将对于执行的效率和效力有很大的辅助。可以借鉴相关的内容来指导或改善现实的执行状况。

销售手段——建设

1. 建设是为了实现销售目的或提升销售工作水平而进行的学习、训练、培训、完善的过程。但是，不是所有的学习、训练、培训、完善都算是销售手段所涉及的建设。只有明确针对销售工作需要，以有限原则进行的，才算是建设。

2. 因此，从销售人员的角度看，围绕现实销售工作需要而进行的，算是销售人员的建设；从销售管理者的角度看，围绕现实和未来销售业绩而进行的，算是销售管理的建设。无论什么样的角度，都必须有明确的方向和目标，才能保证建设的价值。

3. 必须区分学习、训练、培训、完善等不同的工作对销售工作贡献的特点，应该结合不同的方式为现实也为未来提供建设的准备。

4. 销售工作的配套工作以及辅助工作都要围绕销售工作进行，否则将会造成资源的浪费和建设工作的低效率。

5. 建立销售工作的建设模式是提升销售工作建设的重要方式。一方面可以提升效率和效力，另一方面可以在这样的基础上不断适应新的销售工作的要求。这应该是销售人员自己需要建立的，也需要管理者和市场工作、培训工作努力建立的模式。

销售手段——调研

1. 调研工作已经逐渐成为非常重要的销售环节。不仅是销售人员、销售管理者的重要工作内容，也逐渐形成了独立的专业领域，甚至已经出现相应的行业。通过调研了解实际情况，通过调研发现问题，通过调研找到解决问题的方案等，这都体现了调研的重要性。

2. 调研的核心是调研的目的。主要的目的包括两个：找到答案和验证答案。而不同的目的都决定了不同的调研方式和调研内容。而不同的调研方式和调研内容又是由销售工作经验和营销理论来保证的。

3. 调研的过程包括调研方式、调研工作、调研数据、调研分析。调研过程直接反映了调研能力的差异。只有更有效、更快速、更准确的调研过程，才有可能获得有价值的结论。

4. 调研的结论是调研的成果。所有的结论都必须围绕着调研目的来完成，也必须有明确的调研过程来保证，更需要严谨的理论作为依据。

5. 专业的调研和专业的培训有着相同的作用和价值。所发挥的并不是在相关领域的专业性，而是独立的专业性。所以，优秀的调研人员和优秀的培训师一样，是可以适合各种工作、各种行业的相关工作。

6. 销售人员以及销售管理者都应该根据销售工作的实际需要来提升销售人员的调研能力，这是保证销售决策和计划合理性的关键。

7. 利用数据、信息是调研的重要手段。

8. 真正理解大数据的价值和意义，将会带来全新的调研思路。

销售手段——分析

1. 结合销售工作的记录、调研的结论、其他手段的成果、销售工作的要求和数据等内容，了解销售工作的实际情况就是分析工作。分析工作的目的是发现问题和寻找解决问题的思路。也包括对其他销售工作和销售手段的评价。

2. 分析和调研是不同的。调研侧重的是销售环境，分析的重点是如何完成销售。所以，分析的结果一定是两种情况：第一种情况是有明确的结论，那么就会形成工作方案；第二种情况是没有明确的结论，那么就需要其他销售手段来完善、补充、尝试。

3. 虽然在分析的过程中需要很多理论和经验的指导，但是，具体的销售工作目标决定了这些理论和经验的使用必须是有限的，否则将会造成各种资源的浪费。

4. 不同的销售业绩要求和销售工作要求，都决定了分析过程的复杂程度和困难程度。不同的销售工作职位也对分析工作的要求不同。销售人员的分析应该坚持简单、直接、有效的原则；销售管理人员的分析应该坚持合理、可行、持续发展的原则。

5. 在特定的销售范畴中，都可以建立分析方式的模式化成果。这将提升销售人员的培养和管理工作的效率。也可以利用销售工作的模式化来进行分析，例如利用拜访循环来分析拜访的情况。

6. 利用更高效的分析工具是必要的，例如电子表格、数据库、分析软件、分析系统等等。不仅可以提升分析的效率，也可以改变销售人员分析问题的思路。

销售手段——策划

---

1. 必须分清楚计划和策划的区别。策划是包括计划的，计划是策划的结果。当然，如果计划没有体现策划的各种要素，也就不能算是策划的结果，甚至不能算是策划的一部分。

2. 策划的要素主要包括：目标（分析、理由、价值），结果（销售成果、影响因素、销售业绩），保障（资源、管理、系统），实现（人员、分工、责任、任务），危机（风险、应对）等内容。因此，策划必须是为了一个目标，能够获得预期结果，并努力实现的工作过程。绝对不只是做一个计划。

3. 对于销售人员来说，或者可以说销售工作的内容是比较简单的，无非是通过工作获得成果并取得业绩，但是这样的过程也包括了非常负责的内容，涉及各种情况也是非常复杂的。因此，通过策划来明确工作计划或工作方案是十分必要的。

4. 一般针对销售人员的策划工作都有相应的模式化方式，这将提高工作效率，例如标准的格式、标准的程序、标准的要求等等。但是，对于比较简单的销售工作或者是比较新的工作，则需要销售人员利用策划的思维来进行考虑，这样才能保证工作的有效性。

5. 策划和调研、培训一样，也逐渐向专业化转移。也正在为更负责的工作，甚至包括战略层面的工作发挥作用。而更高层面的策划，则更需要完善的理论和高级的工具来保证。

销售手段——组织

1. 从销售工作的角度看，组织是一个销售手段，也就是调配各种资源实现预期的销售工作的过程；但是，在实际操作中，组织又需要使用很多其他的销售手段。所以，有的时候，组织是一个销售手段，有的时候组织又是一个销售方法。

2. 无论什么样的定位，组织都有着自己的原理和原则。最常见的就是线索理论和利益相关原则。所谓的线索理论就是组织的思考过程需要选择适合的线索来完成，例如时间线索、过程线索、责任线索、效果线索、成本线索等等。要避免多种线索的混乱。所谓的利益相关原则就是指在设计组织方案和达成预期成果的时候，必须考虑到利益相关人的满意度。越多的利益相关人，需要考虑的组织方案越复杂。

3. 包括具体的销售工作，也包括复杂的销售方法，都应该利用组织的方式来完成。这样才能避免疏漏和问题。

销售手段总结

1. 以上只是简单地对其他的销售手段进行了介绍。从内容中就可以看到，每个手段都有着比较丰富的内容，都是值得研究和提升的。

2. 其中一些理论和原则都是本人在研究过程中发现并总结出来的，一般是针对销售工作的。例如执行力理论、有限原则、线索理论、利益相关原则等等。这些内容虽然是针对不同手段的，但是也多少体现在拜访方面。

3. 销售不是一个简单的工作，需要销售人员更努力完善和提升。销售手段就是一个很好的方向。